情熱の人

関矢孫左衛門

情熱の人
関矢孫左衛門

目　次

はじめに……4
戊辰戦争に私兵隊を組織……7
自費を投じて学校設置……27
西南戦争に志願……31
国立銀行の頭取に就任……41
北海道開拓に参画……63
開拓地の第一線に立つ……79
越後の農民は貧しかった……91
衆議院議員を辞職……105

厳しい生活に堪えて……123
森と水を守る……133
大洪水に襲われる……141
銅像建立を許さず……149
関矢孫左衛門略年表……169
参考文献……178
あとがき……180

はじめに

私は子供の頃から旧廣瀬村に「関矢様」という大地主がいることを、両親その他の人たちから、いつとはなしに聞いて知っていた。しかしどのような家であるのか、どんな「旦那様」が住んでいるのか、深く知ろうとも思わず、あまり考えもしなかった。正直のところ私どものような貧乏人の子弟には、何の関係もないことだと思っていた。確かにこれという特別な関係などあるはずもない。

しかし第二次大戦後の日本の社会が大きく変わり、自分も年を重ねるにつれ、またふるさとの成り来たった過去を振り返って、いささかの感慨を持つようになってから、おのずと関矢家のことも知りたいと思うようになってきた。

折にふれては少しずつ関心を寄せているうちに、知らなかったことが次々に分かってきた。それは驚きの連続であり、関矢家累代の人々の、地域にもたらしたさまざまな業績に思い至った。中でも私の関心をそそったのは、江戸時代後期の四代目孫三郎翁と、幕末から明治維新の激動期を経て、大正時代まで活躍した孫左衛門翁である。

江戸時代の孫三郎翁は石橋架けの公益奉仕事業で有名な人であり、孫左衛門翁は「北海道旦那様」と呼ばれたように、北海道の開発に半生をささげた人である。戊辰戦争には勤皇派の志士として活躍し、一方では学校設立など教育活動に意を注ぎ、さらに銀行設立に尽力して地域経済の発展に貢献し、北海道の開拓に精根を傾けるという、情熱溢れる行動的な人であった。われわれ貧しい庶民の感覚から見ると、生まれつきの旦那様で豊かな財力とともに、自分の好きなことを好きなようにやれる境遇にあった人である。その点は羨望の的であったと思う。ただし孫左衛門翁が他の資産家と違ったところは「好きなことを好きなように」やることの内容が、趣味や娯楽だけではなかったという点である。一口に言えば彼の「好きなこと」は、すべて世のため人のために尽くすことであった。

その孫左衛門翁のことを、より多く知りたいものと思い始めて十数年、ようやく拙い小文にまとめることができた。翁の北海道での偉大なる事蹟は、私ごときには到底手がとどきはしない、という気持ちが強かったのが躊躇させる要因であった。しかしそれはやむを得ないと思い直し、自分なりに書きまとめてみようと考えたわけである。これは翁の生涯を語るにはあまりにも軽少な小文であり、まだまだ加えるべきことがたくさんあろうかとは思うが、同時に私にはここら辺が限界かな、という気もしている。

目を通して下さる方々には感謝申し上げ、至らぬ部分について御教示いただければ有難いと思っている。

平成十八年十二月

磯部定治

戊辰戦争に私兵隊を組織

慶応四年（一八六八）の北越戊辰戦争直前の頃、越後国内では幕府の意向を窺い、また会津・桑名藩などの動きを見ながら、どちらを支持支援すべきかに戸惑う者が少なくなかった。会津藩の私領・預かり地が越後国内に多かったことや、各藩にもそれぞれ徳川家との因縁があったことから、新旧勢力の軋轢《あつれき》の中にあって、複雑なしがらみとなっていた。そのような土壌の中で、いわゆる勤皇思想を持つ民間人は多くなかった。まして自らすすんで勤皇運動に力を入れる人は、さらに少なかった。その少数の勤皇運動家の一人に、魚沼の並柳新田（魚沼市並柳）の庄屋、関矢孫左衛門がいた。

孫左衛門は糸魚川藩領十二カ村の割元庄屋であった。まわり中が会津藩の私領や預かり領の中にあって、糸魚川領は島のようでしかも小さかった。そこに反幕府、反会津の隠れた力となった勤皇運動家がいた。彼らは当然会津藩などの目を盗みながらの、ひそかな活動を余儀なくされた。孫左衛門は他の勤皇の同志と同様、身の危険を犯しながらも互いに連絡を取り合い、薩長など西軍のために貢献した。

関矢家は大地主で大資産家であった。代々理財に優れた人が輩出し、江戸時代後期から幕末・明治にかけて巨万の財をなしたといわれている。『戊辰小出島戦争記』を書いた小幡梅吉は、その書の中でこういっている。

此関矢孫左衛門と言ふハ、当国ニも稀なる善根家ニ而《て》、去ル天保三年凶作の砌《みぎ》り非人江施し多分致せしニ付、将軍徳川家より御褒美として三ッ葉葵の紋付の高張旗印共ニ御免ニ而《て》、代々苗字帯刀の家筋なり（ふりがなは筆者。以下同じ）

ここに登場する孫左衛門は養子であった。彼は弘化元年（一八四四）一月二十四日、刈羽郡高田村（現柏崎市）新道の大庄屋、飯塚七重郎の四男に生まれた直吉（のちに猶吉）という人であった。猶吉は三人の兄とともに、当時有名な漢学者、藍沢南城の三余塾で学んだ。彼の実兄で東頸城郡松之山村の豪農、村山家を継いだ村山空谷も勤皇思想を持つ人であった。しかし不幸にして労咳《ろうがい》（肺結核）に倒れた。今町（上越市直江津）で療養生活を送った村山空谷を、二階堂保則・高橋竹之助・若月学圃など、のちに越後の勤皇運動の中心的働きをした人々がしばしば訪ねていた。孫左衛門も兄を見舞いに行き、彼らと会っていろいろ語るうちに感化を受け、勤皇運動に奔走することになった。

刈羽の飯塚家から、猶吉が関矢家へ養子として迎えられたのは満十四歳の時であった。毎年二千俵もの年貢の入る大地主であったにも拘らず、そのころの関矢家は累積負債が三千百三十八両一分二朱もあった。それには酒造業の不振などいろいろな要因があったらしいが、そんな厳しさの中に満十四歳の〝旦那様〟がやってきたのである。先代の徳左衛門が死亡したために迎えられた養子であったので、猶吉少年はすぐ割元庄屋になった。家には八代徳左衛門の未亡人、つまり猶吉の義母とその娘の要《よう》の二人だけがいた。猶吉はその要と結ばれたわけである。

その頃は年々同家に不幸が重なっていた。猶吉がきてから親戚会議がしばしば開かれ、負債処理について協議、前中門・隠宅・土蔵二棟を売却するなど改革を進めた。しかし猶吉少年はまだ幼いということで家政の切り盛りはしなかったようである。割元役の実際の職務もしばらくの間、須原村（魚沼市須原）の目黒五郎助（重文目黒家の当時の当主）にやってもらっている。

文久三年、田畑を売ったり親戚より安い金利で金を借りたり、酒造業を人に任せたりした。その頃は表玄関は閉ざし裏口から出入りしていた。

その年長男橘太郎がうまれ、その頃から家運も隆盛し始め、負債もおいおい返済していった。しかし幕末の国情が風雲急を告げるや、猶吉すなわち孫左衛門は、勤皇活動に奔走するようになり、再び負債を抱えこむことになったという。

関矢家の遠祖は上杉謙信の臣宇佐見駿河守の家来であったといわれ、何代か後、上田銀山で商人をしていた人だという。銀山の終息により広瀬谷の並柳に住み着いた。寛保三年（一七四三）糸魚川領になった時、並柳ほか近隣十一村の割元役を命じられた。以来苗字帯刀を許され、扶持米をもらい年貢米二千俵を収納する資産家として栄えてきた。

二千俵は当時の四斗四升入りの俵では八八〇石で、並柳だけではせいぜい七、八〇石しかなかった生産量を考えると、いかに広い範囲に田畑山林を所有していたかが分かる。石橋架けの奉仕で有名な、四代孫三郎の寛政年間には二〇〇石ほど、五代徳左衛門の天保十三年には四二一石の年貢収入であったのが、孫左衛門の明治二年には三四五石余に減じている。これは前記負債整理によるものと思われる。数百年間には曲折浮沈も大きかったようである。明治二十八年孫左衛門が長男橋太郎に家督を譲った時の財産は、田約七四町、畑約一七町、山林約六四町で、小作米は八二五石余り（一八二五俵余り）であった。

この人の「孫左衛門」は通称で、諱《いみな》（実名）は忠靖、字《あざな》は恭郷といい、戊辰戦争の頃は正人と名乗っていた。

越後の勤皇運動家には民間の人が多かった。経済力の裏付けがなければできなかったので、豪農や大商人、憂国の医者などが目立った。上越地方では直江津の回船問屋井田年之助、糸魚川の医者松山良造、高田の商人室孝次郎とその弟貞蔵、小猿屋の庄屋笠松謙吾、そして松之山の村山空谷らであった。中越では三島郡瓜生（現長岡市・旧三島町）の庄屋金子精一郎、その弟徹三郎・毅八郎・十郎、新発田の医者二階堂保則、三条の絵師村山半牧、賀茂の豪農小柳春提らがおり、関矢孫左衛門もその中に加わっていた。

　これらの同志が初めて集まったのは元治元年（一八六四）の秋であった。瓜生村の金子精一郎の家に集まったのだが、この時関矢孫左衛門はまだ二十歳であった。二階堂保則の遺稿にもそのことが見える（『野幌部落史』）。

此歳（元治元年）秋瓜生《うりう》村金子ノ宅ニ関矢忠靖等ト會ス。余若月ト行ク。忠靖通称孫左衛門魚沼郡並柳村ノ人村山空谷ノ弟ナリ。（中略）此日會合スルモノ十余名ナリ、時事ヲ痛論シ悲歌慷慨《こうがい》、関矢酔中劍ヲ揮《ふるっ》テ舞フ。其勇當ルベカラズ。後再ビ逢フニ至テ温厚著實《ちゃくじつ》殆ド別人ノ如シ。余其故ヲ問ヘバ答テ曰ク、吾嘗テ兄等ノ名ヲ聞ク、魚沼男児聊《いささ》カ下越ノ男ト胆力ヲ較スルノミト與《とも》ニ大《おおい》ニ笑フ。此會ヤ即チ我同志団結ヲ胚胎スルモノナリト云フ。

倒幕の意志を固めている彼らにとって、会津藩は当面する目前の敵であった。いかにして会津を討つべきかを課題とし、その一つの手段として米沢藩に働きかけ、会津を討たせようということが考えられていた。それは禁門の変（元治元年七月）の頃からの動きであった。二階堂保則や長谷川鉄之進らが米沢を訪ね、藩のようすなどを窺っている。

少し下って慶応二年（一八六六）十月、春日山城趾に越後の勤皇の同志が集まったことがあり、孫左衛門も出席した。慶応三年五月には同志が関矢家に集まり、米沢・仙台の両藩に、会津征伐の命令を下してもらうよう運動しよう、というような相談が行われた。

こうした草の根の動きも、やがて会津藩の知るところとなり、警戒と追求が厳しくなった。春日山城趾の会合のあと、村松藩士七名が捕えられた。同志のうち身の危険を感じた糸魚川の医者松山良造や、上越の笠松謙吾、中之島の高橋竹之助らが、関矢孫左衛門のもとに身をひそめた。同年九月には与板の金子清一郎方で、関矢孫左衛門・二階堂保則・松田秀次郎ら数人が集まり、軍艦を率いて新潟を襲い、会津若松を攻める作戦を請願しようなどと相談した。

後に枢密院顧問になった石黒忠悳《ただのり》も『懐旧九十年』に書いている（同）。


私が江戸から越後へ帰って後、最も親しく交わり、互に心事を打明けて語ったのは、北魚沼郡並柳村の関矢孫左衛門忠靖氏でした。此人は私より一年歳上で学問もあり、沈毅質實な人で、かねて勤皇攘夷の志篤く、地方での人望家でありました。私が嘗て会津藩の捕吏にねらはれた時、先づ潜伏して居たのは此人の家でした。（中略）私は此人と色色話合ひ、昨今外船の渡来頻々たる折であるから、先づ越後の海岸をよく調べて置かねばならぬ、又各藩の事情をも調査する必要があらうといふ事になり、両人打連れて、今町、柏崎、出雲崎、寺泊、新潟等の海岸を調査し、それから長岡、與板、村上、村松、新発田、高田等の藩情をも視察しました。

並柳の孫左衛門の縁者関矢靖司氏によれば、この頃のことだろう、坂本龍馬の長兄権平直方の養子（娘婿）坂本清次郎という人（後に坂本家を離れ三好清明と名乗った）が、やはり孫左衛門のもとに潜伏していたことがあるという。この人は慶応三年龍馬を追って脱藩、京都へ出た。龍馬が暗殺された時は大坂の海援隊詰所薩摩屋敷にいたが、その夜のうちに淀川を遡り、伏見から京都に潜入した。その後の足取りがふっつり分からなくなってきたが、その不明の期間中は越後へ高飛びしていたのではないか、と考えられている。関矢家に潜伏していた期間が、いつからいつまでであったか等は分からない。天保元年（一八三〇）生まれで大正四年（一九一五）に七十四歳で亡くなっているので、孫左衛門より十四歳も年上であった。明治三年土佐へ帰郷したら脱藩の罪を問われ禁足された。坂本龍馬とは血のつながりはないが、係累の中に入る一人であり、やはり勤皇活動に奔走した人であった。孫左衛門とはどういう因縁があったものか、多分志士仲間の知り合いであった。

孫左衛門はのちに北海道へ渡ってからの日記に、この人のことを書いている。

関矢家は魚沼の寒村にあり、しかもまわり中が会津領または会津藩の預かり領であったので、かえって会津藩の注意を引かなかった。巧みに盲点を利用したわけである。関矢家には以前から、実にさまざまな人が始終出入りしていたし、逗留する人もよくいたので、よその人が二人や三人いても、村の人たちは怪しむことはなかった。しかも家は会津街道沿いにあり、六十里越えをこえて小出島陣屋へ往き来する会津藩士らは、始終同家の前を通っていたわけで、他領とはいえ陣屋の役人らは、同家のことをかなり知っていたと思われる。しかし、よもやそこに打倒会津を期す志士が身をひそめていようとは、考えてもみなかったに違いない。

会津藩は魚沼・蒲原に五万石の領地を持っていたほか、三島と魚沼に三万五千石の幕府領を預かっていた。その力を背景に新発田・村松・村上・長岡など各藩に協力要請が続けられ、北越の諸藩が会津藩を支援する気運が次第に醸成されていった。

鳥羽・伏見の戦いから間もない一月九日、北陸道鎮撫総督が北越に下ることになった。越後の勤皇の志士はこれを吉報とした。関矢孫左衛門、高橋竹之助らは三島郡坂谷村（現長岡市・旧和島村）の豪農池浦広太郎の家で会合を開き、私兵組織「方義隊」を作ることにし代表者に室孝次郎や松田秀次郎を選出した。池浦家は関矢家の遠縁に当たっていた。

ところがこの会合をもったことが会津藩に漏れ、池浦家は家財を没収された上、家屋や土蔵を焼き払われてしまった。

方義隊の組織に当たって同志は、隊員を募集し武器を集めると同時に、江戸の大総督府（有栖川宮家《ありすがわのみや》）に願い出て「大隊旗」を拝受しようと考えた。隊員は四十人ほど集まったし武器もそれに応じて用意できた。しかし士気と権威を高め、シンボルとなる旗が必要であった。方義隊を名乗って参戦しても、公的には何の権威もなく評価もされないだろう。万一戦死しても誰にも認められない。そのような事態を招かないためにも、大隊旗をひるがえして堂々と戦線に勇姿を、という考えであった。そのために真っ先に江戸へ向かったのが関矢孫左衛門である。その後閏《うるう》四月七日松田秀次郎・二階堂保則・日下部《くさかべ》真三郎らが江戸へ向かった。

養子である若い割元庄屋の孫左衛門は、この江戸行きの大事は関矢家の存亡にもつながると判断、養母にその旨を告げて意向をきいた。『廣瀬村史』にこうある。

孫左衛門其地に安居するを得ず、深く決する所あり。（中略）盃を傾け家族に決意を告ぐ。母曰く、今の時我家の安危計り知るべからず。児、橘太郎を以て累代の家系を立てしむべし。汝進んで王事に勤めよと。母子相対して泣咽す。

長男橘太郎はそのとき五歳であった。孫左衛門はまわりに会津藩の目を感じながら、翌日すぐ家を出た。鯨波から漁船を利用して高田に至り、同志室孝次郎のもとに二泊したが、幕府方の者に怪しまれ、荷物から懐中の持ち物まで調べられた。しかし怪しい品物は何もなく解放された。

江戸では糸魚川藩の藩邸にいったん投宿した。関矢家は代々糸魚川藩の財政に非常に協力してきた。小藩では財政難に苦しんだところが多いが、糸魚川藩もわずか一万石でいつも苦しく、関矢家からしばしば借金していた。返済されないまま明治維新を迎えた借金も少なくないらしく、後世まで同家には藩の借用証文が残されていたという。

関矢マリ子著『のっぽろ日記』の二五五頁に興味深い一文がある。

生家のうす暗い仏間の経机の引き出しから古い紙に包まれた一握りの髪の毛を見つけ、驚いて母に問い合わせたことがあった。母は「北海道のおじさまの髪の毛」と答えた。（中略）明治維新前後の動きは越後の農村にも血気の若者を生み、その男も髪を切り、形見に一握りづつ親戚の家々に残し、出奔したらしい。私を気味悪がらせた赤茶けた髪の毛は、それから経机の奥に秘められたままだった。

この髪の毛が孫左衛門の髪であることは、このあとに「青年はその後『北越殖民社』という土地会社の指導者として、新潟県の農民の移民団を組織し、札幌近くの野幌に入地した」とあることからも明らかである。さらに関矢マリ子氏は、別の一文でも次のように書いている。

生家の仏間の経机の引き出しから、紙に包んだ髪の毛を見付けた時のことを、今また思い出した。ほの暗いろうそくの光に浮かんだ赤茶けた髪の毛に異様の恐怖を感じて、母のところえ飛んでいった。母の説明によれば、北海道の叔父さんの髪の毛ということだった。母は関矢孫左衛門の長兄の末娘だった。孫左衛門は関矢え養子にいったが、その生家と私の家はずっと昔からの親戚で、その髪の毛は母の嫁いでくる前から仏間に潜んでいた。明治維新の動乱を越後地主の若主人として迎えた孫左衛門は大分働いた。維新前から「志士」となり、農兵を組織して官軍の先導隊になったり、皇居の守衛に一役を受持ったり、そうして血気盛んな頃、形見のつもりで切った髪を親しい家に少しづつ持参したらしい。私の見出した一握りもそれだった。

さて孫左衛門は、江戸の糸魚川藩邸を出てからは知人を訪ねて世話になり、細かい準備を進めながら、後続の二階堂保則や松田秀次郎を待った。

『廣瀬村誌』にはその辺の事情についてこうある。

副総督四条隆平に面して越後列藩、徳川氏脱兵、会津兵等に威圧せられ全国挙げて敵に陥るの状況を陳じ、同志と倶《とも》に兵を挙げんことを切言す。隆平大総督府に達し菊花章の大隊幟を賜ふ。時に秀次郎保則来たり會す。因て同志と倶に御旗を擁して越後に還る。

ここでは孫左衛門は松田秀次郎、二階堂保則とともに大隊旗を奉じて一緒に帰ったように述べているが、しかし『広神村史』下巻九六頁には、大隊旗を受け取る前に「長谷川は京都へのぼり関矢は一大事がおきて郷里へ帰らなければならなくなった。そこで神田の雪月楼で、四人は前途の幸を祈って酒宴を催し、別れることになった」とある。しかしその「一大事」とは何であったかには触れていない。

とにかく待望の大隊旗は閏四月二十三日に下賜された。それは七尺もある幟状の旗で、総督府は「大隊幟」と書いている。朱色の菊の紋章つきで、青く縁取られていた。下賜に当たって北陸督府より添え書きが付されていた。

越後国　草莽《そうもう》之者共

右歎願之義も有之《これあり》、赤心之程殊勝被思召《おぼしめされ》

大隊幟一流下賜候条、向後報国之実効相

立候様御沙汰候事

辰　閏四月　　　　北陸督府執事

北越戊辰戦争の小出島と四日町の戦いは越後での緒戦であったが、会津軍を中心とする東軍は兵力・装備において薩摩・長州ら西軍より、かなり劣勢であったにもかかわらず善戦、西軍を大いに悩ませた。しかし衆寡不敵、閏四月二十七日未明の二時間ほどの激戦でついに敗退、六十里越えから会津へ引き揚げた。

この合戦に斥候や案内等に活躍した高橋竹之助は、長州兵から聞いた話として「各地で戦ってきたが、これほどの激戦は初めてだ」という意味のことを書いている。竹之助は戦いのあと、安否はいかにと関矢家を訪ねたが、孫左衛門は不在で義母が応対に出た。孫左衛門は高橋らとその夜、堀之内の西軍の陣で会った。しかしこの激戦の日、彼がどうしていたかという具体的な動きはわからないのである。

　孫左衛門にとって小出島やその周辺は地元であり、顔見知りが多かったはずである。まして関矢家の旦那様であれば、普段でも行動に注目されるのに、こんな非常事態の時は一層人々の目を集めることになる。そのためあんまり表面に立つような行動は、とれなかったのではなかろうかと考えられる。

　この頃の勤皇の志士たちの活躍は、武器をとって第一線に立つというものではなく、道や地理地形の説明とか案内など、地味なものであった。孫左衛門がこの日の戦場のどこかにいたとしても、あえて目立つような動きはしなかったものと思われる。その日の小出島と四日町の戦いは西軍の圧勝であったとは言え、越後での戦争はその日が始まりであったのだから、その後の展開には当然注目していなければならなかったはずである。

　いずれにせよ孫左衛門が、のうのうと自宅にいて戦局の推移を見守っていたとは考えられない。必ずどこかで活躍していたに違いない。その頃高橋竹之助や二階堂保則は、身の危険にさらされたことが何度もあったという。ある時は東軍に追われ、危ういところを知人に案内してもらい、寺の仏壇の下に身を潜ませてかろうじて助かったとか。

　二階堂保則らが大隊旗を奉じて越後入りした時には、戦線は小千谷・長岡方面に移っていた。一足先に帰った関矢孫左衛門は高橋竹之助らとともに、三国峠から小出島に至る戦いや、榎峠・朝日山の戦闘で西軍に協力した。榎峠・朝日山の戦いの時には柏崎と小千谷の間など、西軍の拠点を往き来して連絡につとめている。

この時の孫左衛門の動きに注目すべきことが一つある。

榎峠・朝日山の激戦では、長岡勢・会津勢・桑名勢などに阻まれて西軍は攻めあぐね、戦局はむしろ東軍優勢に展開しているかに見えた。特に五月十三日朝の朝日山の攻略戦では、桑名藩雷神隊長立見鑑三郎の指揮のもと、猛攻を受けた西軍は長州藩奇兵隊の参謀時山直八が山腹で戦死するなど、無惨にも退けられ手痛い敗北を喫した。

山縣狂介（有朋）が盟友時山直八を失って嘆き、

あだまもる　砦のかがり影ふけて　夏も身にしむ越の山風

と詠んだのはこの時である。

西軍はこの敗戦を深刻に受けとめた。孫左衛門もこの日は戦線にいたようすであるが、武器を手に戦ったわけではないようだ。どうしていたかは具体的には分からないが、ほかの仲間たちとも一緒に活躍していたものと思われる。

ただし、その晩深夜に孫左衛門は、現地の陣から早駕籠を飛ばして並柳へ帰ってきたのである。これはちょっと意表をつく行動にも見えるところである。

我が家に飛び込んだ孫左衛門はまず、榎峠・朝日山の戦闘で西軍が敗れ、戦局全体は不利な状況にあることを話し、村中にそれを伝えて早く家財道具を避難させるように、と勧告した。孫左衛門にしてみれば、自分の立場は並柳をはじめ十二カ村を統括する割元庄屋であるから、村々を危険におとしいれるようなことはできない。とにかく万難を排して村を救わねばならない、という意識が強く働いていたに違いないのである。その責任感が深夜に早駕籠を飛ばさせたのであろう。このあたりにも孫左衛門という人の、真面目さと言おうか、誠実さが感じられる。

びっくりした村人が騒ぎだし、波紋はたちまち広がって広瀬谷一帯に不安と動揺が走った。なにしろ割元庄屋の関矢孫左衛門が出した注意勧告であり、しかもついこの間の小出島・四日町で、戦火に巻き込まれた村の惨状を見ているので、みんながおののき慌てるのは無理もないことであった。避難といっても山へ逃げ込むくらいしかできなかったわけだが、実際にどの程度荷物のとりまとめ等が行われたかどうかは確認できない。それらしき語り伝えもないので明らかではない。一時緊張は走ったが実際には避難騒ぎには至らなかったのではないかと思われる。

この一時の緊張も結果的には杞憂《きゆう》に終わり、戦局は五月十九日の西軍の信濃川渡河作戦断行から、長岡城の落城へと展開していったわけである。

一方、苦労して拝受した大隊旗をめぐって、実は意外な展開が待っていた。有栖川宮家から民間の者が直接大隊旗を下賜されるなどということは、異例中の異例であった。菊の紋章の染めぬかれた権威の高い旗であり、勤皇の大名でも簡単には交付してもらえないものだった。それを無名の私兵隊が所持しているので西軍に大いに怪しまれ、かつ薩長の将兵を中心に強い反感を招いて、大隊旗を奉じた方義隊員は西軍の高田会議所に捕えられ、拘禁されてしまった。これには同志も大いに弱り、やむなく大隊旗は総督府の役人に預けてようやく身柄を解放してもらった。

孫左衛門ら同志は正確な情報をつかもうと懸命になった。たとえば孫左衛門は二十村郷種苧原村（現長岡市・旧山古志村）の、庄屋坂牧善右衛門とは庄屋仲間で知り合っていたので、緊急の手紙をやって二十村郷のようすを尋ねたことがある。しかし運の悪いことにちょうどその手紙を受け取った時、善右衛門は会津軍を主力とする東軍の進攻を受けていて、動きがとれず返事も書けない状態であった。そのため心ならずも孫左衛門には、ありきたりの「異常無し」の返事を、使いの者に託しただけであった。

また閏四月二十七日の、魚沼の小出島の合戦に先立って、東西両軍が三国峠でぶつかり合ったことがあるが、その警備に当たった会津軍から「近隣のよしみではないか」と、糸魚川領の村々に、人足七十人か軍用金二千両を協力するよう、きつく申し入れてきたことがあった。その時も割元庄屋の孫左衛門は、勤皇活動に越後の各地を飛び回っていて留守だった。村々の庄屋たちは孫左衛門の指示を仰いでいる暇がないと、要求された金額の一割程度を会津軍の陣に届けて急場をしのいだ。そんな時、孫左衛門がいてくれたらと庄屋たちは残念がったという。

孫左衛門が勤皇活動に奔走していることは、地元の村々でもごく身近な一部の者を除いては、あまり知られてはいなかったようである。それはむしろ当然で、まわり中が会津藩の息のかかっている中にいるのだから、その点は充分注意してひそかに行動していたに違いないのである。従って軍資金要求の時なども、留守であったことがかえって、身の安全のためにはよかったのかも知れない。

六月二十二日、方義隊が正式に発足した。隊長は松田秀次郎、監察は二階堂保則で、関矢孫左衛門は一番隊取締という役務についている。隊員は三十六名であった。隊は世間に好評で「文武隊」とも呼ばれ、三カ月ほどで隊員は七十四名になった。

七月二十九日長岡城の再落城につづき、九月二十二日の若松城の落城でこの戦争はひとまず決着した。

方義隊はしかし「勝手に御親兵を唱えている」と咎《とが》められたことがあり、隊名を「居之《きょし》隊」と改めた。九月二十六日のことである。その頃はすでに、越後での戦いは終わっていた。居之隊は明治三年水原から東京へ移り、第三遊軍隊と称して皇居平川門・田安門の守備に当たった。同年九月に任務を終えたとして解散している。

自費を投じて学校設置

孫左衛門は明治四年七月には従来の庄屋を引き継いで戸長、五年正月には並柳ほか十一カ村の戸長、八月には柏崎県下の第四大区副長、六年七月には新潟県の第十三大区の小区戸長など、当時の行政機構が試行錯誤とともにめまぐるしく変わったのに伴い、その都度地域行政の長をつとめている。

孫左衛門は常に新しい考え方を持っていた人で、学問の重要性を説き、向学心を抱く者には経済的援助もしたという。教育に力を入れるべきであるとする、彼の考え方を実践に移したのが、明治三年八月自費を投じての岩下村の学校開設である。

明治新政府は小学校設置を奨励はしていたが、学制が公布されたのは明治五年六月であり、孫左衛門がやったのはそれより二年も早い学校の創設であった。その学校は現在の魚沼市並柳地内の、岩下村にあったことから「岩下校」と名付けられた。

その頃は学校というものが非常に珍しく、地域では初めての開設であった。人口の多い都会地ではなく、豪雪山間地の辺地に開学したことが注目される。孫左衛門の考え方が、いかに進んでいたかを知ることのできる事例である。当時学校開設の最も大きな問題は、いかにして教師を確保するかであった。まして僻遠の地にきてくれる教師を探すことは、容易ではなかった。この時は孫左衛門が、どのような知人友人の伝《つて》を持っていたのか、彦根藩の儒者で上原精之進という人を教師に招いている。また同じ村の学者であり、のちに教育者として知られる関矢歳治郎を、岩下校の幹事としている。

明治政府が太政官《だじょうかん》布告で学制を公布したのは明治五年六月二十四日であり、その序文に「邑《むら》に不学の戸なく家に不学の人なからしめん事を期す」と言っているように、四民平等のもと全国民を対象とした学制であった。孫左衛門はまさにそれを先取りしたのである。

江戸時代には庶民の教育機関といえば寺子屋が一般的であったが、そこに通い得る子弟は恵まれた方であり、貧しい者はその機会さえ与えられなかった。明治三年といえば、維新政府による新時代がスタートしたとはいうものの、地方の片田舎にあってはまさに江戸時代の延長線上にあって、さまざまな改革にもまだ手が届きかねていた頃である。そのような中で学校が開かれた。児童数もさほど多かったとは思われないが、この岩下校の規模等、細かいことが分からないのが残念である。

どのような経緯によってか、二年後の明治五年十一月孫左衛門は岩下校を、今泉（魚沼市）の真福寺に移し「真福寺校」とした。近郷の有志を誘ってこれを実施し、孫左衛門自らが舎長となり学監には松原退蔵、教師は逸見健八、幹事には明田川東岳、関矢歳治郎、星野理平の三人が当たっている。生徒は広瀬、薮神、須原、湯之谷、小出（いずれも現魚沼市）の範囲から集まったようである。

この学校を国の発布した学制に基づく学校にしようと、時の柏崎県の参事に申請書が出され、認められて明治六年二月「今泉校」となって真福寺に開かれた。

ところがこの学校は、どういう事情からか何か特別の理由があったに違いないのだが、その年八月には大沢村（魚沼市）の東養寺に移設された。孫左衛門ら地元の子弟教育を当面の目標にしてきた人たちには、大沢村では距離的に離れ過ぎていたわけで、孫左衛門はその月の中にただちに、再び岩下校を設置することにしたのである。

それには孫左衛門自身が所有していた家屋を増築して当てることにし、十月には開校にこぎつけた。校舎に当てた建物は孫左衛門の寄付であった。しかも今度は公的小学校としての発足で、当時の学制にのっとり「第六中学区二一九番小学校」としての開校であった。この岩下校がのちの下条小学校の前身である。学区は現在の旧広神村川西地区と、旧守門村の一部を含む広範囲に及んでいた。

当時の学校は運営を民間の経費に頼っていた。授業料（月謝）は国では二十五銭～五十銭と定めていたが、これは庶民にはとても高額で手の出ない額であり、新潟県は十二銭五厘としていた。それでも高過ぎる額で、実際は三銭から一銭五厘のところが多かったという。不足の財政難の分は、学区内の各戸へ賦課や寄付金に頼るしかなかった。

そんなありさまなので学校の設置自体が遅れており、しかも就学率は非常に低かった。明治八年の場合就学率は全国的にも三五パーセント（男五〇パーセント女一九パーセント）でしかなく、新潟県内では男二四・二パーセント、女三・八パーセントしかなかった。学校とか勉強ということへの認識が、後世のそれとはほど遠く、生活が苦しいものだから「学問しても満腹にはならない」とか「子供に学問させるような家柄ではない」などの考え方が根強かった。

孫左衛門の岩下校はそういう地域性の中に置かれ、授業料は一応県の指針どおりの十二銭五厘を徴収していた。その頃の小学校には下等小学校と上等小学校があり、下等は六～九歳、上等は十～十四歳であった。進級するには試験に合格しなければならず、それがなかなか厳しく容易にはできなかったらしい。岩下校では明治十一年になってようやく、男子のみ四人の卒業生を出している。

学校の運営に孫左衛門がどう関わっていたか細かいことは分からないが、校舎を寄付した地域の実力者として、あらゆる面で深く関わっていたことは間違いない。

学校関係では孫左衛門はこのほかにも、弥彦神社の神域に有志とともに明訓中学校の設立を企画、明治十六年三月の開校に協力している（後述）。

西南戦争に志願

孫左衛門は明治九年七月十二日、当時の地方行政官の長である第十四大区長に任ぜられた。しかし翌年二月西南戦争が勃発するや「邦家の危急を黙止する能はず、決然身を挺して従軍願いをなし」（『廣瀬村誌』）たのである。

志願の前に孫左衛門は時の新潟県令（知事）永山盛輝あてに、志願させてほしい旨の陳情書を提出している。漢文まじりの原文に、送り仮名や句読点を加えながら読み下してみると、次のようなものである。

鹿児島一挙に付き警備の義、深く心志を労せられ候段、恐察仕り候。私輩は一村吏にして、思ひ大方に出でざるは素よりその分に候えども、事国家の危安に関し候義は、人民国に報ずるの義なかるべからず。就いてはいずれの方へ御使役相成り候とも、犬馬の労は甘んじて心より服従仕るべく候。且つ義兵徴募の事もこれ有り候わば、同盟有志と共に奔命仕り候。この旨日夜心思に耐えず、不省を顧みず懇願奉り候也。

明治十年三月八日　　第十四大区長　関矢孫左衛門

永山県令明公閣下

その後六月七日付で永山県令から孫左衛門に次の文書が寄せられた（読み下し）。

今般警視局に於て巡査数千人を招集に相成り候に付き、士族平民に拘らず志願の者は申し出ずべしとの義は、本月五日附けを以て相達し置き候通りにてこれ有り。就いては三月中申し出の趣きもこれ有り候えども、地租改正の事務未だ整頓の場合にも至らず候に付き、其の方志願の趣きは採用に及び難く候えども、同盟有志者の義は今般の徴収に応じ候よう精々尽力致すべし。この段相達し候事。

県令は、まだ地租改正に伴う事務の整理がついていないので、お前の志願は採用できないと言ってきている。つまり地方行政官である孫左衛門は、巡査に応募などせず行政事務をすすめてもらわねばならないのだ、というわけである。しかし孫左衛門は六月十日堀之内で第十四大区の会議を開き、そこで自らの決意を披瀝し志願者の募集に取りかかった。

十四大区中　堀之内ニ大区会議ヲ開　巡査募集方ヲ協議シ　各村ニ派出シ　説クニ大義ヲ以テス　応スル者多シ　其時各人ニ示セシ意見書左ニ

これは孫左衛門自らの活動記録『匪躬録《ひきゅうろく》』に記されている一文である。大区長の立場では志願が採用されないと知った孫左衛門は、大区長を辞職することにし、日夜自分の考えるところを主張して、従軍する者を募り奔走した。「日々奔走、説くに大義を以てし、七ヶ条の意見書を四方に示す」（『廣瀬村誌』）であった。その意見書とは「警備巡査召集に付意見按」と題したものである。一部送り仮名を加えるなど読み下し方式にし、句読点を付しながら列記してみる。

第一条　中世以降、王綱紐《おうこうちゅう》を解き、

孫左衛門の硯箱・硯・筆・矢立などの愛用品

政権将門に帰せしは、志士の嘗て歴史に慷慨《こうがい》する処、今幸い皇威挽回の世運に逢遇せり。斯れ千歳得難きの期を維持して、決して失うべからざるなり。

第二条　大義名分は既に燦然たる事にして、西郷假令《たとえ》政府の短所得失を摘発するも、兵馬を以て朝廷に迫り、政府に抵抗する、素《もと》より臣子の分に非ず。況《いわん》や天皇、彼が官等を奪い、征討の詔《しょう》下るの日、人民の向背疑うべからざるなり。

第三条　利害得失について考ふるに、方今政府租税を改革するの際、其の収斂を疑うものあり。是れ天下の人民、政府保護に報いる義務を平均にするものにして、決して重税にあらず。百の西郷あって租税を薄うするを説くも、外国交際の今日決して為す能はざる所にして、却って民権を圧制し、旧の御用金の方法を施し、人民家産を全うする能はざる場合に到らん。是れ利害得失も亦、如何ぞや。

第四条　封建の世、藩士其の村内を守るは其の分なり。今郡県の制にして士、常識を解する以上は、天下を守るは天下人民の職分にして、既に徴兵を出せり。然れども其の兵、未だ満たず。故に警備巡査を召集す。是れ士族独り其の責を負はんや。吾輩平民、亦義務を尽すべきなり。

第五条　政府人民の権利を保護し世人も民権を主張せり。此の如き時節に政府を保護し、人民の義務を尽してこそ、他日政府の行政上に参与する権利も生まる可し。唯租税を納むるのみにては政府の費用を弁ずる迄にて、民権の拡張は期すべからざる也。

第六条　天下平民の無気力を以て、常に誹《ひ》を受く。この誹、甘んずべからず。是れ迄警備兵召集の平民に及ばざるは是非なし。今日に至りて平民の募りに応ぜざるは、真に恥づべきの至りにあらずや。

第七条　夫《そ》れ人々栄枯盛衰あり。必ず栄と盛とを得べきものにあらず。男児世に処して力を国家に致すべし。方今、斯活歴史上古人の所為、何ぞ為さざる可けんや。真に感憤激励、誓って大義に赴くべきの秋《とき》也。

以上七件、熟思止むべからざるものを吐露して諸君に告ぐ。諸君以て如何となす。

明治十年六月十日　　第十四大区長　関矢孫左衛門

時代背景もさりながら、この七ヶ条には孫左衛門の考え方が実によく表されていて興味深い。第一条では、長い間将門に帰してきた政権つまり武家政治が終わり、やっと皇威を挽回したのだから、決して失ってはならないと主張している。第二条では、たとえ西郷隆盛が政府の欠点を突くとしても、兵馬を以て朝廷に迫る非を述べ「臣子の分に非ず」と基本論を述べている。第三条では税制が国民の義務を均等化するもので、重税ではないと主張している点や、封建時代の各藩の御用金調達と比べているあたり、やはり新時代を強く認識していたと思わせる。第四条で封建時代には武士が村を守ったが、今は天下を守るのは人民の職分だと言い、そのために徴兵制度ができたのだから、士族だけにその責任を負わせるのではなく、平民もその義務を尽くすべきだと主張している。このあたりに孫左衛門の基本的な考え方が顔を覗かせている。それは第五条にさらにはっきり述べられている。政府を保護し、国民の義務を果たしてこそ、行政に参画する権利も生まれるのだ、と主張している点は注目される。税金を納めるだけでは住民の権利の拡張は期待できないというあたり、後世の考え方が先取りされていたと言える。第六条は、平民が何もしないと非難されているのに、この募集に応じないのは恥だと言っている。そして最後に、男児たるもの国家のために大義に赴くべき時であると呼びかけている。「熟思止むべからざるものを吐露して諸君に告ぐ」と結んでいるところを見ても、孫左衛門が燃え立つ情熱とともに、国の募集に応募を呼びかけている気持ちが伝わってくるようである。

この時孫左衛門は三十三歳、まさに強壮の年齢にあり、その熱血漢ぶりが窺われる。しかしただ悲憤慷慨するだけの熱血漢ではなく、漢学の素養を基礎とした学識の豊かさとともに、極めて冷静な判断力を持っており、それらに裏打ちされた確固たる信念に支えられての、情熱の吐露であった。その情熱が孫左衛門を積極的な行動に走らしめたのだが、それというのも累代の山なす資産を守りながら、安定した暮らしを送られる境遇にあり、生活の雑事に煩わされることがなかったからだと言われよう。もし同じように国事に情熱をたぎらせる男がいたとしても、生活基盤が脆弱《ぜいじゃく》であったら孫左衛門のような活動はできなかっただろう。それにしても孫左衛門は、注目に値する良識と情熱の持ち主であった。

すでに大区長を辞任するつもりの孫左衛門であったが、結局呼びかけで集まった志願者を引率して上京するよう、県令から命じられている。

応募者は第十二大区（のちの中魚沼郡）から十三名、第十三大区（のちの南魚沼郡）から二十四人、第十四大区（のちの北魚沼郡）からは三十四人であった。その中には孫左衛門自身も加えてある。この七十一名のほかに道中で増員が五名あり、七十六名になった。さすがに孫左衛門の地元だけに十四大区が他の二大区よりはるかに多かった。それはやはり関矢家の信用と声望の高さによるものであろう。この時の兵員募集には旧長岡藩の元武士らの応募が五十六名であったのに対し、孫左衛門はただ一人で七十六人も集めたことで、世間に大いに注目された。孫左衛門は六月二十一日、村松町で県令に「職ヲ辞シ別ヲ告げた。並柳の自分の家を発ったのは同二十七日である。「各自家族に悲壮の別を告げて出張す」（『廣瀬村誌』）であった。この時より十年前の戊辰戦争に、郷・村兵として参戦した人もいたはずであり、北魚沼地域の人々は戦争そのものを体験しているわけだから、肉親知人が戦争に赴くとなればおのずと悲壮感も湧いたことであろう。

家ヲ辞シ途ニ上ル　学校生徒一同　行ヲ送ル　小出嶋ニオイテ復《また》学校生徒行ヲ送ル

と孫左衛門が記しているように、一行は壮途を送られて村を後にした。二十八日には志願者一同が六日町に集合、二十九日に出発しているがここでも警察官や学童に送られている。一行は七月五日東京に着き、八代州二丁目の警視局へ県からの添え書きを示し、安藤中警視に謁見、翌日西丸下の屯営に配属された。九日、一同は四等巡査を拝命、孫左衛門は三等少警部心得という地位を与えられた。

二十一日には孫左衛門は、新撰旅団第六大隊の第三中隊長という職務を命じられた。中隊は孫左衛門以下兵士一九二人、ラッパ手五人、給養係二人で編成されていた。大隊は二十八日習志野で炎暑の中、演習に参加している。

八月十七日、東京に帰り麻布鎮台の兵営に入った。同二十一日警視局から「賊将西郷隆盛始め諸将討滅近きを以て左の通り通達せらる。第二次新撰旅団第六大隊第三中隊警部・警部補・巡査御用済み解職帰郷申し付け候事」という通達で一同解職された。そして二十二日には「吹上禁苑拝見仰せ付けられ同所に於て各隊整列、天覧仰せつけられ候」であった。八月二十五日、日比谷操練場で解隊式、二十九日には帰郷の旅費が渡され、孫左衛門はほかに慰労金二十円を下賜されるという通達を受けている。また帰郷の途中も同行の者の取り締まりを申し付けられている。この二カ月間の〝軍隊〟の経験は孫左衛門にとって、さまざまな意味で有意義であったに違いない。この志願に関わる一連の熱血漢的言動は、この人の人柄や考え方などを探る上で欠かせない重要な部分である。このあと孫左衛門は、生涯の活躍の舞台となる北海道開拓に精根を傾けるのであるが、それもやはり彼一流の情熱の奔流によるものと言わざるを得ない。

国立銀行の頭取に就任

関矢孫左衛門を論じようとするならば、彼の先輩でもあり盟友でもあった三島億二郎のことをまず述べねばならない。

三島億二郎は長岡藩のわずか三七石取りの藩士であったが、戊辰戦争には非戦論を唱える良識派として注目され、主戦論の中心人物河井継之助とは相容れないものがあった。戦争にはやむなく参加したが、敗戦後焦土と化した長岡の復興と、禄を失って路頭に迷う旧藩士らの救済に奔走した。

北越戊辰戦争に惨敗した長岡藩は七万四千石から二万四千石に減らされたにも拘らず、抱える藩士はそのままであったので養いきれないことになり、藩士一同食うや食わずの苦境に立たされた。元武士たちの生きる新しい道が求められたのは全国的な問題であったが、中でも救済が急務であると痛感されたのは、戊辰戦争で賊軍のレッテルを張られて敗れた諸藩の元武士たちである。完膚なきまでに打ちのめされた旧長岡藩など、その典型的な例と言えた。長岡でもやむなく敗戦とともに帰農・帰商が奨められはしたが、それまで主家の禄を食んでのうのうと暮らし、農工商の庶民に対し常に上位にあると自負し、プライドとともに生きてきた彼らにとって、いきなり泥まみれになって鍬・鎌を握れと言われても、またソロバン片手に頭を下げ通す商人になれと言われても、オイソレとはできることではなかった。能力的な面もさりながら、先祖代々の武家がそんな、しもじものやることができるか、というプライドが許さなかった。たとえば藩士の妻女たちも、火の車の家計を何とかしようと、こっそり隠れるようにしながら、ささやかな内職をやったこともある。しかし内職の材料や製品の受け渡しは、勝手口に品物を置かせ、婦人たちは顔を見せずに取り引きするという、プライドの高さを見せつけていた。そんなありさまなので何をやっても続かず、なかなか暮らしの足しになるほどには至らなかった。中にはすっきり割り切って帰農・帰商した者もいる。長岡藩の筆頭家老稲垣平助の場合など、戊辰戦争に戦うことに大反対して河井継之助に排斥され、敗戦後はあっさり武士を捨てて旅篭屋の主人におさまっている。そのほか生きていくためにはやむを得ず、プライドも伝統もかなぐり捨てて、何らかの暮らしの道を模索し、かろうじて活路を開いた元武士たちが多かったはずである。

長岡の場合、単に戊辰戦争に敗れた衝撃と藩の衰亡だけにとどまらず、町がほとんど焼きつくされていたので、その復興をいかにすべきかが大問題であった。当の藩主はその座を降ろされ、前藩主の庶子の少年が後釜に据えられたがそれも長くは続かず、藩を返上して東京へ逃げ出してしまった。藩は事実上潰れたのである。あとに残されたのは荒廃した町と、生活の道を失って右往左往する旧藩士たち、家を焼かれ職を失って路頭に迷う旧領民だけで、どこに希望を見い出したらいいかが、当面して打開しなければならない課題であった。億二郎は旧藩士救済の歎願に奔走したが、それは非常に厳しく、明治三年二月にはついに士卒に対して面扶持《めんぶち》を支給せざるを得なくなった。面扶持とは戸毎の人数に応じた米支給のことで、上士一人一日四合、中士三合八勺、下士三合六勺、上卒二合五勺、中卒二合三勺、下卒二合の割合であった。

そのような状況の中で三島億二郎は潰滅寸前の長岡藩の大参事に推され、藩士らへの授産の道に奔走した。廃藩置県の後も柏崎県の大参事となり、その後も大区長・古志郡長など地域行政の長を歴任しながら長岡の復興に全力を尽くした。国漢学校・長岡中学校・長岡社・長岡病院・女紅場・六十九銀行などいずれも彼の創設または参画したものである。

三島億二郎は町を復興させるには何をなすべきかで、まず経済復興こそ優先されるべきであると考えたに違いない。それには銀行が必要だと痛感し、同時にそれが旧藩士の救済にもつながることを知ると、その設立に奔走した。銀行となれば有力資産家の協力がなければできないと、彼は県内の有力商人や地主らに呼びかけた。億二郎が孫左衛門に協力を要請したのは、銀行設立の準備がかなり進んでからのことであったが、いったんその要請を引き受けるや孫左衛門は目覚ましい活躍ぶりをみせたのである。

この場合の孫左衛門はどちらかといえば、担ぎ出されたという印象がある。三島億二郎は考え方も行動も実に立派であったが、財力の点では孫左衛門や岸宇吉には及ばなかったと思う。そういう観点から孫左衛門は協力を求められた、分かりやすく言えば担ぎ出された感じであった。しかしそこには孫左衛門という人の基本的な考え方と言おうか、彼の理念が大いに作用していたと思われる。三島億二郎が孫左衛門に協力を呼びかけたのは、財力だけをあてにしてのことではなかっただろう。まず銀行を設立するということが、貧しい庶民や当面経営に行き詰まっている零細な商人たちを、救ってやれる道を開くのだということへの理解である。そのために力になれるのなら、先頭に立って協力しようと、孫左衛門は三島億二郎の呼びかけに率先して応じたのである。

孫左衛門という人はそういう人であった。それを自らはっきり記述したものは見当たらないが、それは彼をめぐるさまざまな周辺の資料から、充分窺われることなのである。地元の村（現魚沼市並柳）で、若い時から地域の子弟教育のために、自費を投じて学校を設立したことなども、それが地域のためになるなら、という彼の生来の理念に裏打ちされてのことであり、銀行設立への協力も、後に尽力する北海道開拓への打ち込みも、みんな彼のその考え方に根差しての、計画であり実践であった。

孫左衛門という人は、後世の研究家に、多くの大地主にありがちであったと指摘されている、唯我独尊《ゆいがどくそん》的な感覚や姿勢の持ち主ではなかった。大勢の小作の上に、地主の旦那様として君臨できているのは、小作人たちが働いてくれているおかげなんだ、という気持ちが常に彼の心底を支配していたようである。その考え方があったればこそ後の北海道開拓に身命を賭し、代議士の職をなげうってまでも、入植者のために半生を捧げることができたのだと思う。自分は地主だ。何をしても生活に差し支えることはない。しかし周辺には貧しい者がたくさんいる。その人たちに力を貸してやりたい、という意志が孫左衛門には若い時からあった。それは現代の言葉でいうなら、福祉の心にほかならない。銀行設立に当たって孫左衛門にも三島億二郎にも、こうした考え方が共通していたと思われる。

当面金に困っている人、商売に行き詰まっている人に、打開の道を開いてやることはできないか、時に余裕のある者が手を差し伸べてやることはできないか、そうすることによって地域に活力を呼び込むことはできないか。こんな気持ちが孫左衛門に、銀行事業への参画を引き受けさせたに違いないのである。彼の側面的な活動記録などをとおして、そうした気持ちがおのずと窺い知られるのである。

政府は明治九年、華族・士族の家禄制度を廃止し、金禄公債証書を交付した。その額は一億七千三百万円にものぼった。金禄公債はしかし暴落のおそれがあり、交付を受けた士族が生活苦にあえぐことも危惧された。金禄公債を交付された士族が株主になることもできて、金禄公債を資本として銀行を設立できるよう「国立銀行条例」が改正された。

当時長岡の人小林雄七郎と外山修造が大蔵省にいて、この情報をいち早く三島億二郎に知らせてきた。億二郎は長岡の有力商人岸宇吉らと相談し、金禄公債の活用も含めて銀行を設立し、士族の救済と町の復興を図ろうと考えた。そのためにはまず資力のある商人・地主の協力が必要だと、岸宇吉ら商人八人と四人の地主の協力を求めた。関矢孫左衛門もその一人であった。明治九年七月十二日県内の大区長二十五人が任命された。関矢孫左衛門は第十四大区長、三島億二郎は第十六大区長になった。翌十年二月七日の大区長会議のあとで、他の人も交えながらだが、二人が会って話し合っている。その頃にはさかんに銀行設立のことが検討されていた。

三島億二郎らが銀行設立の具体的な準備にかかったのが明治十年八月で「国立銀行創立願書」が大蔵省に提出された。

明治九年八月一日御頒布《はんぷ》相成候国立銀行条例ヲ遵奉《じゅんぽう》シ、新潟県越後国古志郡第十六大区一小区　長岡坂ノ上町三十二番地ニ於テ私共申合セ、追々御発行相成候金禄公債証書ヲモ相加ヘ、資本金十萬圓ヲ以テ国立銀行ヲ創立仕度《つかまつりたく》。尤モ資本金ノ内三萬一千圓ハ別紙割合ノ通リ私共ヨリ出金仕《つかまつり》、残額六萬九千圓ハ株主ヲ募集可致《いたすべく》奉存《ぞんじたてまつり》候間、何卒創立御允許《ごじゅうきょ》ノ上相當ノ名称御附與被成下度《なしくだされたく》奉願《ねがいたてまつり》候也。

明治十年八月

発起人　三島億二郎
（ほか一五名連署）
（ふりがなは筆者）

この時点では関矢孫左衛門は、発起人の中に加わっていない。
九月十一日には新潟県令永山盛輝から、大蔵省へ次の添書きを提出してもらっている。

国立銀行創立之儀ニ付上申

当県管下越後国長岡ニ於テ別紙之通国立銀行発行之儀願出、同所ハ至テ商法盛之地ニテ、金融之運転モ繁劇《はんげき》ニ付往々一般之便益トモ可相成《あいなるべく》存《ぞんじ》候間、可然《しかるべく》御指揮相成度《あいなりたく》、此旨添書ヲ以《もって》上申候也

という添書きである。
九月二十一日億二郎は大蔵省へ行き、提出した創立願書の件を問うた。今審議中だから決まったら通知するという返答をもらい、さらに二十三日には麻布の永山盛輝新潟県令宅を訪ねて、それまでの経過を報告したり今後の協力を依頼した。二十四日また大蔵省へ行

ったが、各地から銀行設立願書がたくさん出されていてすぐには決まらないと言われた。その後で「先に提出した願書には発起人青柳逸之助の名を落としたことと、発起人中三人の出資金を増額したので、願書を取り替えてほしい」という願いを出している。大蔵省の審査は厳しかったらしく、創立許可は明治十一年四月二日付けでようやく下りた。これには大蔵省への橋渡し的な労をとってくれた、小林雄七郎や外山修造の力が大きかったと言われている。

願之趣特別之詮議ヲ以テ聞届候条、創立證書・銀行定款ハ金禄公債證書下付ノ日ヨリ九十日間ニ可差出《さしだすべし》。尤《もっと》も、右名称之儀ハ第六十九国立銀行ト可相唱《あいとなうべく》候事。但、銀行紙幣ハ目下製造中ニ付、右受取方之儀ハ創立證書・銀行定款差出候節可伺出《うかがいでるべき》事。

明治十一年四月二日　　　　大蔵卿　大隈重信

ここまで漕ぎ着けた三島億二郎は、今度は銀行開業の免状もらいに奔走した。明治十一年になってから急速に、銀行に関する関矢孫左衛門の動向が目立つようになり注目されるようになった。孫左衛門と億二郎は以前から、深く知り合っている間柄であったから、おそらく億二郎から「力を貸して欲しい」と要請したものと思われる。

関係者間では銀行設立の打ち合わせは始終行われていたようである。長岡市史双書No.一七の『三島億二郎日記』一〇二頁には明治十一年一月二十一日のところに、

関矢孫左衛門来訪。銀行ニ付て也。乃《すなわち》岸宇を招き二時半時間談話する

とあり、その翌日も

けふは関矢氏来訪の約あるを以て三時に退く

三時后関矢氏（中略）銀行ニ付テ之談アリ。関矢氏三十株ヲ加入スル旨被申《もうさる》

などとある。それより前明治十年九月二十日、三島億二郎は「銀行条例を買う」と日記に書いている。また同十二月二十五日には、大蔵省銀行課から月一、二回刊行されていた銀行雑誌が、億二郎のもとに届けられている。

十一年になると日記には四月八日のあたりから、銀行の頭取、支配人の印鑑をつくること、定款、創立証書をつくることなど、実務に関する記載が見えるようになっている。

同年十月一日、初めての株主総会で役員が決められたが、頭取には関矢孫左衛門、取締役支配人には山田権左衛門が選ばれた。三島億二郎は遠藤亀太郎、青柳逸之助らとともに取締役になっている。資本金は十万円で孫左衛門は三千円出資している。一般株主の資本金では、士族が七万一千五百円をしめていた。

明治十一年秋、孫左衛門は銀行開業の免状を交付してもらうため等の諸要件で、三島億

二郎とともに上京している。旅立つ前に十月八日、二人で県令（県知事）を訪ね、誓詞・創立証書・定款に奥書をしてほしいと依頼した。朝から午後二時まで待ち、県令の前で二人とも誓詞に調印している。

そして十月二十三日、三島億二郎は妙見から馬を雇い魚沼入りした。雨の中で馬の足が遅く、川口には午後四時頃着いた。堀之内で日が暮れ、提灯《ちょうちん》を買って道を照らしながら小出に着いたのが八時頃であった。供の音五郎という者に荷物を持たせていた。小出では須田屋に泊まっている。なぜ暗くなってから無理して小出までやってきたか。実はその翌日孫左衛門とともに上京する約束をしていたためである。

翌朝十時頃孫左衛門がやってきた。その日億二郎は小出で雨具の桐油《とうゆ》紙を買っている。出発後間もない村落の虫野・岡新田・水無川のことなどが日記に見える。二人は浦佐でお昼を食べその日は六日町に泊まった。二十五日は国境へ向かったが、孫左衛門が清水峠を越えたことがないというので、それではと清水峠へ向かった。ところが馬の足がまことにのろく、清水村に着いた時は十二時になっていた。そこで荷物を持たせる人を雇おうとしたが人がいない。仕方なく二人が荷物を背負ってみたが、とてもきつくてたまらず、茶店の主人に頼んで頂上の茶屋まで荷を背負ってもらっている。二人とも重い荷など背負ったことがなかったらしい。特に生まれながらの旦那様であった孫左衛門は、三貫目の荷物を背負って峠道にさしかかるなど、初めてのことであった。

峠の頂上では佐渡・妙高・米山・弥彦・苗場などの眺望を楽しみ、上州側では遠く赤城山を望むなどし、そこからは牛に荷を托して紅葉の中を下った。

東京では十月三十日、先に上京していた青柳逸之助と合流、大蔵省に銀行の創立証書二通、定款二通、誓詞五通を提出した。

十一月二日朝九時半、大蔵省の銀行課で書類の一部書き直しを指示され、書き直して提出、お昼前にようやく開業の免状を交付された。その受領書には頭取関矢孫左衛門の名前だけが書かれた。開業の免状にはこう書かれていた。

此銀行ハ大日本政府ヨリ発行スル所ノ公債證書ヲ抵当トシテ銀行紙幣ヲ発行シ、之ヲ通用シ、之ヲ引換フル儀ニ付、明治九年八月一日、大日本政府ニ於テ制定施行シタル国立銀行条例ノ手続ヲ履行シタルコト分明ナルニ付、今此開業免状ヲ交付シ、自今右条例ヲ遵奉シ、国立銀行ノ業ヲ営ムコトヲ許可スルモノ也。

六日には第一銀行や第四銀行にあいさつに出向き、八日以降は第四銀行の取締役ほかいろいろの人に会っている。八日には孫左衛門と青柳逸之助が、公債證書の利子受取に大蔵省へ出かけ、一〇〇円券九五六枚と利子三、三四六円、五〇円券一二四枚と利子二一七円その他二五円券と利子など合計一〇万三九〇〇円と利子を受け取った。

十二日には三島億二郎と孫左衛門が、紙幣交付までのつなぎとして八万円の通貨拝借願いと、一円札で二万四〇〇〇円五円札で五万六〇〇〇円の紙幣注文書を持って大蔵省へ行った。十三日は孫左衛門が大蔵省へ、十四日には億二郎と孫左衛門が二人で国債局で、拝借紙幣の受け取り打ち合わせなどをしている。そして十八日には孫左衛門と後から上京した岸宇吉が、大蔵省で七万円を受け取った。

十二月三日には孫左衛門と億二郎は「大蔵卿ヲ訪テ謁ス」であった。そこで大蔵卿大隈重信から「銀行はみんなの金庫で、そこには血と汗の結晶が預けられている。銀行員は信任を得ることが前提で誠実勤勉に励みなさい」というような趣旨の言葉を受けてきた。

なおその後も細部の経緯はわからないものの、三島億二郎は十二月二十一日には三国峠を越え、二十二日は六日町に一泊、六日町からは魚野川の川船で二十三日には「大橋佐平と同船同泊」(『三島億二郎日記』)して小千谷に泊まっている。二十四日長岡に着いて「廿日《はつか》ニ開業セシ事、営業ノ概略承ル」(同)であった。その晩孫左衛門、青柳逸之助、岸宇吉らが三島億二郎のもとに集まっている。

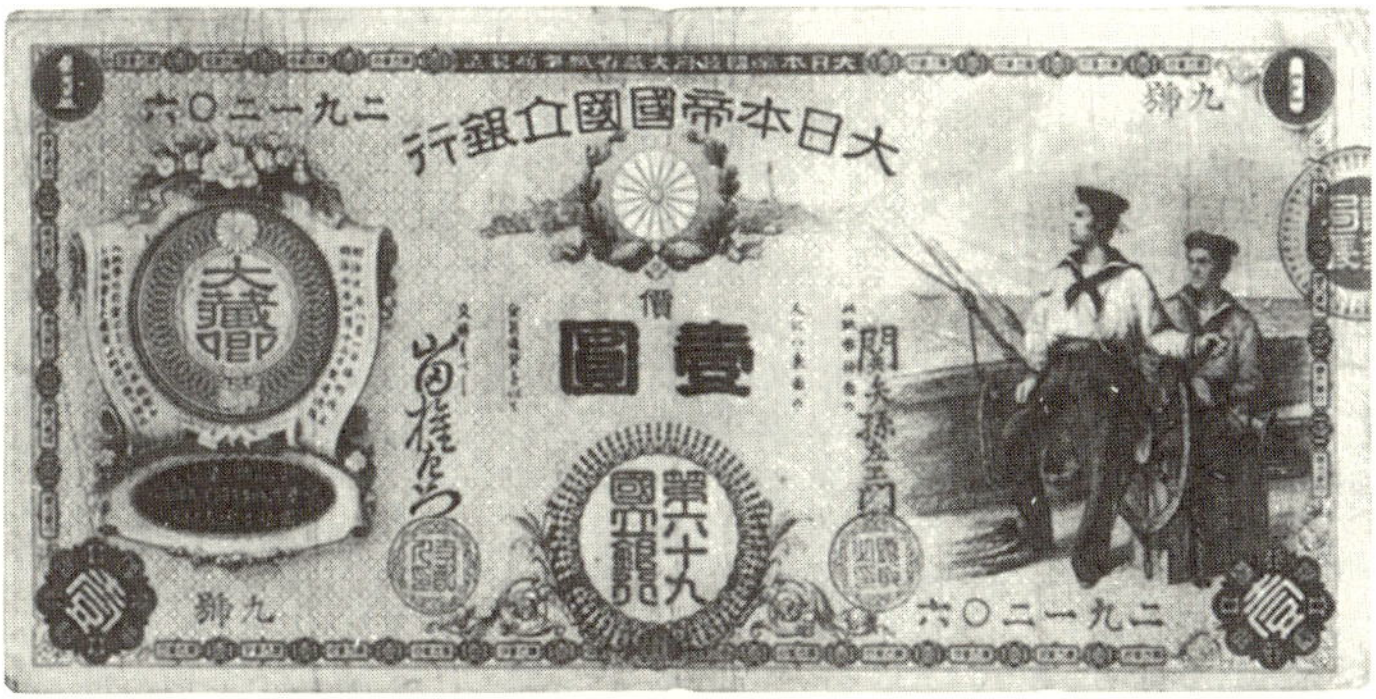

明治12年発行の壱円紙幣（表・裏）

第六十九国立銀行紙幣。一圓紙幣と五圓紙幣の表と裏。両方とも表側に関矢孫左衛門と山田権左衛門の名前が明記されている（北越銀行『創業百年史』より）

明治12年発行の五円紙幣（表・裏）

そして二十六日になると「銀行開業吹聴《ふいちょう》シ将来ヲ依頼」した。つまり宣伝を始めたのである。開業は当初、長岡の坂ノ上町でやるつもりであったが、建物が狭い上に場所も不便だったので、開業の直前になって表三ノ町に変更している。一株五〇円、総株数二〇〇〇株の一〇万円で開業した。役員は先にも述べたように、

頭　取　　関矢孫左衛門
取締役兼支配人　山田権左衛門
取締役　　三島億二郎
取締役（検査）　遠藤亀太郎
取締役（出納）　青柳逸之助
副支配人　　岸　宇吉

であった。頭取としての孫左衛門が、この銀行に懸命に取り組んだことはいうまでもない。孫左衛門という人は、ほかの業績から見てもその性格が窺われるが、いったん物事に取り組むと、とことん情熱を傾注する熱血漢タイプの人であったと思われる。

『三島億二郎日記』（三）の七～八頁の銀行関連の記述の中に、入金帳として次のような金額と氏名の一覧がある。断り書きはないが、発起人の出資金の一部かと思われる。

千五百円の口が三島億二郎・山田権左衛門・遠藤亀太郎・関矢孫左衛門・岸宇吉・青柳

逸之助の六人、七百五十円の口が志賀定七・目黒十郎・山口万吉・渡辺良八・小川清松・谷利平・木村義平の七人である。

株主を勧誘するに当たって三島億二郎も孫左衛門も、士族つまり旧藩士に参加を呼びかけた。しかし旧藩士たちには、銀行の何たるかをよく理解していない者が少なくなかったらしい。説明を聞き勧誘されて加わった者も、数的には少しであったらしく、結局地元の商人や地主階層の人々に呼びかけて株数を満たした。

明治十二年一月八日には、孫左衛門が三島億二郎宅を訪ね、午後は銀行へ行き岸宇吉らも集まって「第一回半季実際考課状」の草案つくりをしている。その頃は毎月五日と二十日が取締役の常会であった。常会の日には夜集まっていたようである。

十二年四月八日、頭取の孫左衛門はじめ三島億二郎、岸宇吉、遠藤亀太郎、青柳逸之助らが会合し「次の頭取を誰にしようか」と相談した。結局「山田権左衛門を頭取に、青柳逸之助を副頭取にしよう」と申し合わせた。そして十一日には山田権左衛門も顔を見せ、申し合わせのとおりに決めて、一同は三島億二郎の家で一杯やっている。

その翌日の四月十二日は快晴の気持ちのいい天気であったが「銀行会ニ来臨アラン事ヲ」関矢頭取から演説し、夕方退散したという。しかしその場所は記されていない。

四月二十日、県令永山盛輝から関矢孫左衛門は北魚沼郡長に、三島億二郎は古志郡長に

北魚沼郡長に就任直後の孫左衛門の日記。「乗」は記録の意味

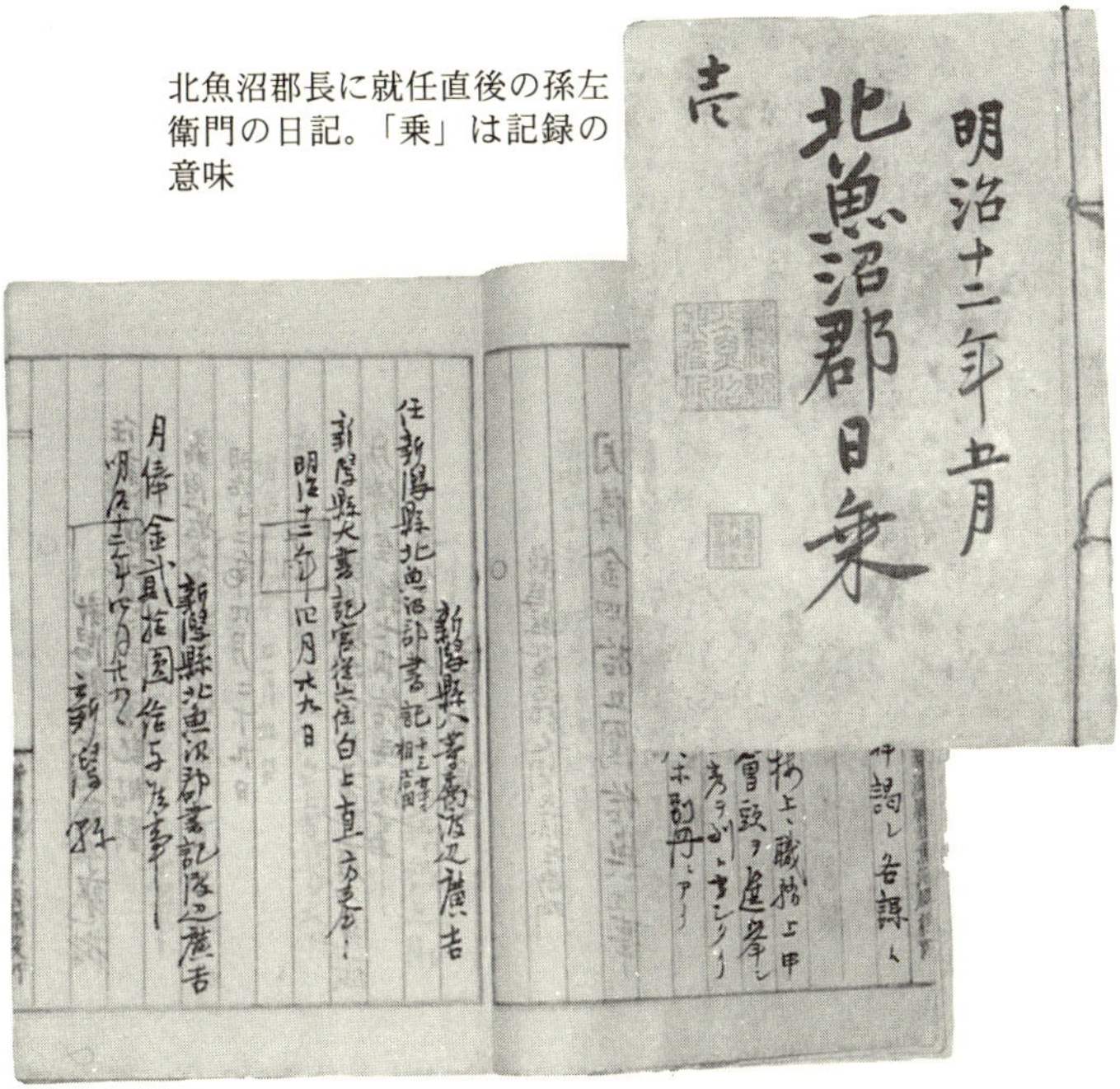

「北魚沼郡日乗」の内部

任命された。そして二十八日二人は出県して辞令を受け取った。

五月五日の晩、銀行で取締役会が開かれた。それは頭取が関矢孫左衛門から山田権左衛門に引き継がれるためであった。

五月二十二日の取締役会では「郡長で銀行の取締役になっていてはならない、という東京からの通知があったので、代わりに士族の中から一名、発起人より一名出そう」と相談している。そして億二郎と孫左衛門の

代わりに、士族の中からは柳町勘平、発起人からは目黒十郎を選出している。すでに四月八日の時点で次の頭取の人選を検討していることから見て、正式に郡長に任命される前に内命があったものと思われる。

こうして関矢孫左衛門の頭取時代はひとまず幕を下ろしたが、孫左衛門が銀行の重鎮であったことには変わりはない。岸宇吉は発足当初は副支配人であったが、実務に於てはほとんどこの人が、実権を持っていたようなものであったと言われている。

六月十六日のこと、同銀行が地方税の徴収を取り扱う件で古志・魚沼・刈羽・三島の四郡を受け持つべきかどうかと、行政府に申し出なければならないことになった。そこでいつものように協議が行われた結果、古志・刈羽・三島を受け持つことにした。魚沼がはずされた理由は明確にされていないが、距離的な面からではなかったかと考えられる。

関矢孫左衛門らが銀行設立に奔走していた明治十年代の初め頃は、一般庶民にとっては銀行とは何をするところなのか、という理解度が低かったと思われる。江戸時代にも金融機関はあったにはあったが、明治以降の銀行のような組織的合理的なものではなく、いわゆる高利貸や質屋が主なものであった。多くの庶民はコツコツ貯めた金を、手文庫の中とか箪笥の中にしまい込んで、大切に保管して置くものだった。質屋は明治大正時代には数も多くあり、簡易金融機関として広く利用されていた。しかし結果的には利用者は比較的高い利息を払わねばならなかった。余談ながら『北越雪譜』の書で有名な鈴木牧之も質屋の旦那であった。そのため時には貧しい者から特別な目で見られることもあったようである。

当初の銀行は主に出資者の金を、別の人に融通してやろうという仕組みであること、時に金に不都合を来している人が、貸してもらえる便法の組織なのだということ、しかし質屋とは基本的に違うものなのだということが、少しずつ理解されてきたはずである。

銀行は他人の金を預かり、それを回転し運用しながら経営してゆく商売で、しかも金を預ける側も借りる側も、納得ずくで取引している、極めて合理的に運営されている機関なのだと、今では子供でも知っている。その根底にはみんながよかれという、基本理念が横たわっている。三島億二郎や関矢孫左衛

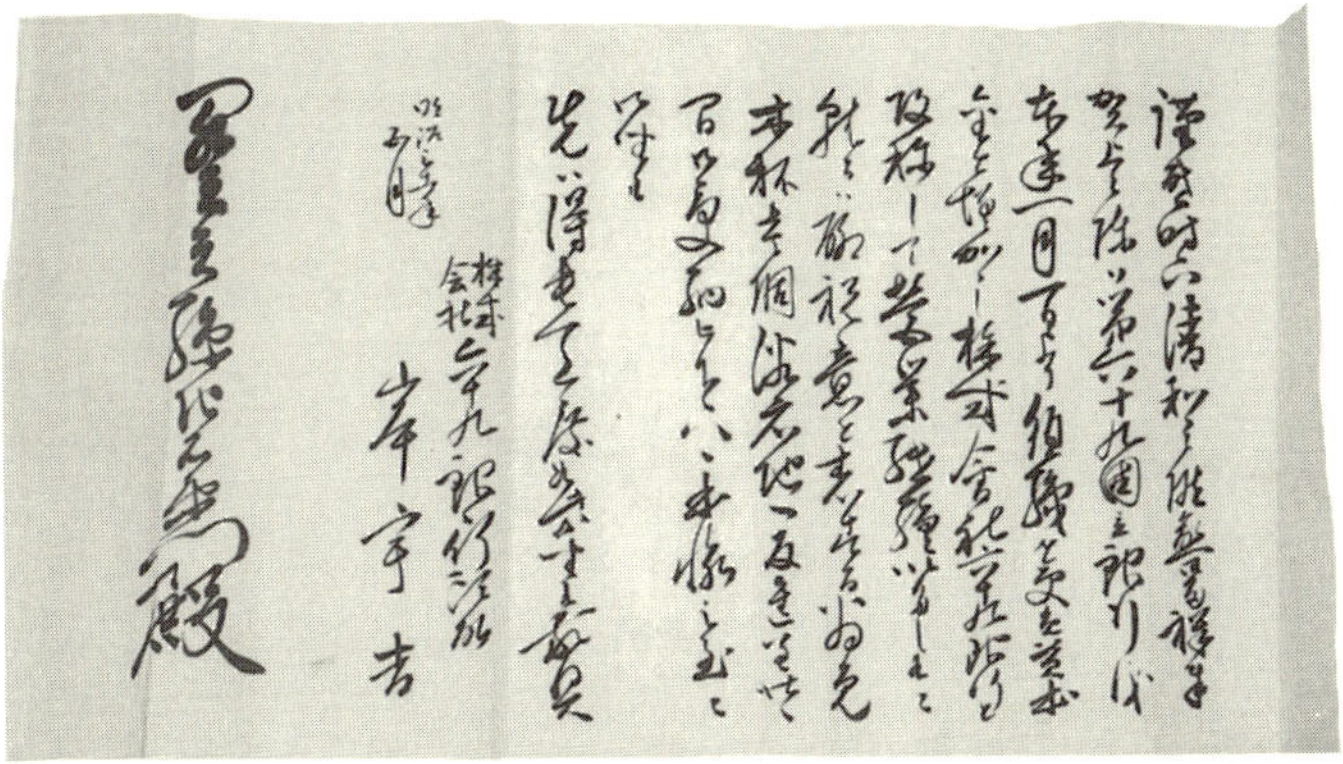
岸宇吉

岸宇吉翁から関矢孫左衛門にあてた手紙（関矢靖司氏蔵）

門が取り組んだのも、銀行は必ず庶民のためになると確信していたからにほかならない。

国立第六十九銀行が発足した前後の頃は、ほかにも銀行はできていたので、その機能をよく理解している人もいたに違いない。しかし多くはなかったと思う。そして長岡に新しい銀行をつくってくれたのが、三島億二郎であり関矢孫左衛門であり、岸宇吉その他の有力者有志であることが、次第に知られてきた。

戊辰戦争で家を焼かれ、打ちのめされた長岡の人々にとって、とりわけささやかな小売商を営むあきんどにとって、一時的に回転資金を融通してくれるところができたことは、とても有難いことであったはずである。伝承というほどでもないが「関矢様が金を貸して下さるそうだ」という風な、伝えられ方がされていたようすも窺われる。もちろんそれは孫左衛門が貸すのではなく銀行が貸すのであったが、銀行という言葉にも実態にもまだなじみの薄かった庶民には、関矢様が貸して下さるというのが実感であったかも知れない。

特に魚沼では関矢様といえば、知らない者のなかった大地主であったから、子供でもしばしば関矢家の話題は耳にしていた。今から六十数年前の筆者が小学生の頃、老人たちが自分たちの若い頃の、思い出話をしているのを傍らで聞いていたことがある。その中で、「関矢様の旦那様が、銀行をこしゃって（拵えて）金を貸してくだすったがんだと。そのおかげで、店を潰さんで済んだがんだてや」

というようなことを小耳にはさんだ記憶がある。それがどこの誰の店かなどは全く記憶にないが、子供心にも銀行というものは、そういうものなのかと思ったことを、かすかながら覚えている。その頃の老人たちの話なので、その店が銀行から融通してもらった時点はおそらく、孫左衛門が北海道の開拓に力を注いでいた頃であったと思うが、人々の思い出に残っていたのは「旦那様が銀行をこしゃって」くれたことであり、そのおかげでピンチを切り抜け、生き延びることができた感謝の気持ちであった。この第六十九国立銀行が後の北越銀行であることはよく知られている。

さらに三島億二郎が関矢孫左衛門や、ほかの志を同じくする人たちとともに力を入れた事業が、北海道開拓であり、そのための北越殖民社の創設であった。そして殖民社の事業にも、この銀行が大きく役立っていたことは、改めていうまでもないだろう。

北海道開拓に参画

明治十二年四月前記のように関矢孫左衛門は北魚沼郡長に任ぜられ、十五年十月八日には南魚沼郡長も兼任することになった。

孫左衛門は新潟県内屈指の大資産家であると同時に、地域のリーダーとして常に地域行政の頂点に立ち続け、郷民から「関矢様」と呼ばれて親しまれた。その孫左衛門の生涯で最も注目され、かつ高く評価されたのが、北海道の開拓に精根を傾けたことである。それも三島億二郎ら旧長岡藩士や、地域の資産家ら有志と相語らってのことであった。

明治新政府は明治二年、かつて蝦夷《えぞ》と呼ばれてきた地名を「北海道」と改め、開拓使を設置して殖産興業政策を進めた。それは封建時代の禄を離れて生活苦に陥った元武士たちを、屯田兵《とんでんへい》として北海道原野の開拓に従事させ、また欧米から農業指導者を招いて先進国の技術を取り入れ、生産向上をめざしたことなどである。

越後から最初の北海道移住は、明治三年（一八七〇）の柏崎県刈羽郡からの二二戸九六人で、北海道開拓使の援助を受けて札幌村（札幌市東区）に入植した人たちであった。越後と北海道は江戸時代から海路で結ばれ、交流は結構緊密であった。

第一回屯田兵の入植が明治八年であり、越後から屯田兵として移住したのは一七四戸であった。札幌農学校（北海道大学の前身）が開校され「ボーイズ・ビー・アンビシャス」で有名な、クラーク博士を招いたのが明治九年である。

そもそも北海道移住の目的とされたのは、農業の開拓とともに「北門の守り」を固めることであった。黒田清隆の建白に基づいて実施された屯田兵制度がそれであり、ロシアの脅威に備えることが重視された。さらに北海道移住に拍車をかけたのが、明治十四年大蔵卿となった松方正義の政策による、いわゆる「松方デフレ」と言われる大不況であった。この不況で食べてゆくのが困難な人たちに移住が呼びかけられた。

各地に北海道開拓の関心は高まり、戊辰戦争に敗れた打撃からなかなか立ち直れないで四苦八苦していた旧長岡藩士たちにも、北海道開拓に関心を寄せる者が出てきた。その旗手がやはり三島億二郎であった。三島は明治十五年六月、古志郡長の職を捨てて岸宇吉・高頭仁兵衛・遠藤亀太郎ら十数人とともに、北海道の調査行に旅立った。それはその前々年に設立された長岡商会の、北海道商況調査ということで実施されたものであった。三島億二郎はその後何回も北海道に渡っているが、十五年六月の時のことを書いた「第一回北遊記」の中に「札幌ノ地タル西方山アリ他三方平原数里、東北ノ如キ遥ニ山ヲ見ル。山色浅黄ソノ遠キ可知《しるべし》。蓋《けだし》最遠キモノ四十里許《ばかり》アリト（中略）開墾スルアリト雖《いえど》モ僅々百一二過キズ」と述べている。さらに街路を碁盤の目のように造り、道路幅を十五間もとっているのは「百年後一大都会ヲナスヲ期セシナラン」と言っているが、札幌はまさにそのとおりの大都市になった。七月十六日の項には「土地ノ肥沃《ひよく》、麻・麦ノ蓬々《ぼうぼう》タルハ内地ニ見サル出来方ナリ、大根・シャガタラハ尤ヨシト云」と強い印象をうけたようすを示している。

当時の札幌農学校長は元長岡藩士の森源三であった。調査団の一行は森源三に会っていろいろ語ったようである。

北海道への移民を具体的に事業化したのは、南蒲原郡新潟村下鳥（現見附市）の代官大橋彦蔵の長男大橋一蔵《かずぞう》である。彼は嘉永元年（一八四八）二月十六日生まれで関矢孫左衛門より四歳年下であった。一蔵は幼い時から周囲に抜きん出て賢く、また相当の腕白であった。幼名は「萬蔵」であったが、あんまり腕白なので、せめて「萬」を「一」にしたら少しはおとなしくなるかと「一蔵」に改められたのだ、という逸話もある。少年時代からの俊才ぶりは見事なものであったらしい。十七歳で単身江戸へ出て、剣客斎藤弥九郎の門に入り一年半修業、父に呼ばれていったん帰郷したが、明治六年再び上京して大橋陶庵に学んだ。三国峠を足駄ばきで越えたという男である。

関矢孫左衛門が北海道開拓に打ち込むことになったのも、その前の明訓校の設立や運営に全面的に協力したのも、この大橋一蔵との出会いがあったればこそだと言える。

大橋一蔵が北海道開拓事業に情熱を傾けた動機は、前原一誠（一八三四〜七六）の建白書であったと言われている。山口藩士前原一誠は、吉田松陰の高弟で、勤皇の志士であった。維新後は参議などの要職についたが下野し、明治九年政府に不満を抱き山口県萩で挙兵、県庁を襲うなどし山陰道から中央をめざした。しかしやがて政府軍に鎮圧され斬罪に処せられた。いわゆる「萩の乱」である。大橋一蔵は前原一誠に傾倒、萩に前原を三回も訪ねた。薩摩の西郷隆盛を訪ねたり桐野利秋とも会った。大橋は萩と越後の同時蜂起を図ったが、結局事は成らず、県庁に自訴した。二十九歳であった。

この事件に連座した彼はいったん斬罪判決を受けたが、のち終身懲役刑に減刑され、石川島の獄舎につながれた（のちに市ヶ谷に移される）。その中でたまたま樺戸集治監設置のことを耳にし、みずから囚人の一人として渡道し開拓に従事したいと申し出た。その願いが認められ出発を待つ間に、山岡鉄舟らの赦免運動によって明治十四年六月、村に留まり親を養うという約束で特赦を得て郷里へ帰った。

その当時西洋文化の導入が時代の先端をいくものとして注目を浴び、一種の流行のようになって、むしろ洋風をもてあそび誇示するような風潮がまんえんしてきた。やがてそうした動きへの反動のように、忠孝の思想を前面に打ち出しながら、皇漢学を盛んにしようという動きが起こり、大橋一蔵は学校を設け子弟を教育することの大切さを痛感、関矢孫左衛門らとともに「協立私学ヲ興ス可キノ論」という檄文を起草し県下に配布、私学設立の必要性を訴えている。その運動が時の県令永山盛輝の支持共鳴を受け、一千名あまりの賛同者を得て拠出金を集め、明治十五年三月弥彦に明訓校という私立学校を創設した。孫左衛門の事蹟調べの中に次の部分がある（『野幌部落史』）。

学校ヲ興《おこ》シ大道ヲ以テ青年書生ヲ教育セン事ヲ志シ（中略）校舎ヲ新築シ教員ヲ聘《へい》シ生徒三百五十人ヲ養フ事数年、天朝ニ聞エ御手許《おてもと》金三百円ヲ下賜セラル

明訓校は敬神・忠孝・尊皇などを教義の中心とし、法律・算術・英語・兵式などを取り入れた。中心人物の大橋一蔵が名訓校の校長に就任した。当時九州から就学する者もあるなど、生徒は二百人にもなって明訓校の名声は高まった。この活動には協力者、後援者が大勢いた。中央の松方正義ら有力な後援者をはじめ、地元では関矢孫左衛門、弥彦神社の宮司滋野七郎、新発田の三浦清風、天王の市島徳次郎らであった。校舎は最初は弥彦神社にほど近い同神社禰宜《ねぎ》鈴木氏の醤油倉を借りて開校した。やがて校舎を建て、学校として本格的に活動し始めたのは、明治十六年二月であった。この間に孫左衛門ら協力者の、大幅な具体的協力があったことはいうまでもない。

教科は中学程度、国漢に重点を置き兵式体操や神学の一部も取り入れていた。多分に私

塾的色彩が濃かったようで、大橋は寄宿舎で生徒とともに起居した。運動会、行軍、草取り等の作業のあとには必ず酒が出て十四、五歳の生徒も職員もともに痛飲したという。大橋の人格を慕って集まった若者が多かったそうである。

県内外に有名な存在となった明訓校は、周囲の要望の声の高まりを受けて、従来弥彦にあった西蒲原中学と合併し、新潟県立明訓中学校として新たに誕生した。この時の始業式には、時の文部大臣森有禮も出席した。

しかし大橋一蔵は北海道開拓の夢を捨てず、先ず実践であると北海道視察に趣くことにした。彼は明治十七年、三条の豪商笠原文平や親戚の大橋順一郎らとともに渡道した。笠原文平は三条の呉服商で代々資産家であり、やがて設立する北越殖民社の企画者でもあり、関矢孫左衛門と並んで最大の出資者であった。大橋順一郎は大橋一蔵の遠縁の者で、後に一蔵の実弟大河原文蔵とともに、北海道の越後村で活躍した人である。

さて大橋一蔵は、北海道から帰ってくるや、直ちに有志に北海道の開拓を説き、出資者をつのり翌十九年北越殖民社の創立を志した。

明治十八年三月二十七日、三島億二郎・高橋竹之助・田村訥・大橋一蔵の名で「北越懇話会」という催しが企画された。当面するいろいろな問題を話し合う会であった。そこには一四〇人も集まり、その中から一六～一七人が後に億二郎と北海道へ行ったり、開拓事業に関わったりしている。

このようにして集まった有志のうち、十三人が「北越殖民社」を創立したのが、明治十九年一月である。十三人とは大橋一蔵・三島億二郎・関矢孫左衛門・笠原文平・岸宇吉・遠藤亀太郎・高野徳平・小川清松・早川和中二・五井伊次郎・渡辺清松・山口萬吉・小林伝作である。一同は長岡坂之上町の三島億二郎宅に集まり、出資金五万円で会社を設立した。その五万円は必要に応じて出資することにし、本社の所在地は三島宅であった。

その年四月までに大橋一蔵と彼の弟大河原文蔵、親戚の大橋順一郎らは渡道し、石狩国空知郡幌向《ほろない》村江別太《えべつぶと》に拠点を設け、越後村創設の準備、移民事業保護の願書提出などを行っていた。大橋は三月二十七日、江別村の四〇万坪の払下げを申請したが、官用見込み地だということで認可にならなかった。四月二十日にも江別太に六〇万坪の払下げを申請、うち二二万四〇〇〇坪あまりが五月になって認可された。そのほかにも二カ所約百万坪の払下げを申請したが認可されていない。

移民の目的はやはり生活苦にあえぐ元武士や農民の救済で、大橋一蔵が北海道庁長官にあてた願書では、越後の田畑の耕作面積は農民一人当たり二反七畝（二七アール）しかなく、その多くは小作人で収穫の過半を地主に納めなければならないので、とても一家の生計を立てるのは困難だと述べ（『野幌部落史』）さらに「此窮民ヲ沃野《よくや》千里人烟稀《じんえんき》少《しょう》ノ當道ニ移シ候ハバ、最モ萬全ノ策ト奉存候《ぞんじたてまつり》」と述べている。

明治十九年七月十日、三島億二郎・徳蔵父子をはじめ、笠原文平・岸宇吉・五井伊次郎ら十数人が北海道視察に出発した。関矢孫左衛門も参加しているが少し遅れて吉川庄蔵・加藤一作らとともに十八日に小樽港に入っている。

当時北海道の開拓移住には国が力を入れ援助していたが、それまでの補助方式によるやり方は失敗だったようで、三島億二郎は日記「第二回北遊記」にこう書いている。

（前略）従前移住民ノ首唱者多クハ、狡猾射利《こうかつしゃり》ノ徒ニシテ、九辺福岡・徳島等士族六百人許《ばかり》移住セシモ、現在残ルモノ僅ニ四十人弱ニシテ、他ハ皆内地へ逃亡セリ、是《これ》官ヨリ給サル丶金ヲ僅ニ右人ニ付シ、余ハ自私スルヨリ方向ヲ失フノミナラス、目下ノ窮ニ迫リ此ニ至ルト云（後略）

昨年小豆《あずき》ハ五千石ヨノ収穫アリト、大豆ハ害虫アリテ不出来ナリ、麻モ割ニ合ハズ、芋ハ大《おおい》ニヨシ、而シテ甘《あま》大根ヲ最上トナスト云、大根ハ隔年又ハ二年置《おき》作ルヲ上トス地味ノ尽クルヲ以テナリ（後略）

と記している。二十七日一行が札幌に向かう時、一足先に渡道していた大橋一蔵が、馬に跨って迎えにきてくれた。

北越殖民社は政府から北海道の原野を借り、未開の大地に夢をつなぐ人たちに入植してもらい、小作方式の大農場を拓いて新しい村を建設しよう、という遠大な目標を掲げていた。計画では十五年連続毎年二百戸を移住せしめ、一戸平均三町歩を開墾してもらうことを目標とし、開拓した土地は殖民社と入植者が折半することにしていた。

三島億二郎らは二十八日、弥生楼《やよいろう》というところで、道庁の堀という役人と会食しているが、そこで堀氏に「これまで移住民の多くが失敗している。政府の金の浪費ばかりか、関係県の手数も甚だしく、開拓には役立っていないので、今後は屯田兵《とんでんへい》以外は官からは移住を行わない。民間の願いは容易に容れないことになっているのだが、今回の越後の人たちは将来に望みがあるので、一つの試験として特別に許可されているのだから、そのつもりで趣旨を徹底してもらいたい」という意味のことを言われている。

さらにこの日のようすは、三島億二郎の倅徳蔵の記した「第一回北海道巡遊記」に、午後七時に道庁の堀氏を訪ねた時「内閣では移住者の補助を一切やめ、開墾は屯田兵に任せると内決していたところ、この北越殖民社の願書がきたので、今一回、この社を試験台としてやってみて、不成功の場合は今後は全く廃止しようという方針であることが、語られた」という内容が見える。これらの内容は後からわかったことであるが、それより前、殖民社は早速移民を募り、江別市から二キロばかりの江別太に支社を設けた。大橋一蔵は、社長として最初の応募者十戸（十一戸のうち後に一戸脱落）を伴い、六月二十二日に現地に渡った。すでに四月から小屋かけが始まっており、やがて通称「越後村」と呼ばれる小村落ができた。大橋一蔵は北海道開拓に力を入れねばならず、手が回らないからと、七月には明訓校の校長を関矢孫左衛門に代わってもらっている。

大橋一蔵が大橋順一郎・笠原文平とともに、この年四月に北海道庁長官岩村通俊に提出した「移住民之儀ニ付願」では、その目的の一つは北海道の隆盛を企図し、一つは県内の窮民を救済したいことにある、と明記している。そのため移住民には渡航費や小屋かけ料を給付してもらいたいのだが、一々官のお手数をかけるのは恐れ入る。そこで舟賃・小屋かけ料その他の雑費は、すべて我々が弁済しておくので、移住民が着籍したら一戸につき五十円の割合で給付してもらいたいこと、また戸数が四百に達し平均一戸三町歩の開墾が成功した暁には、さらに一戸五十円の割合で十年間無利子で貸下げてもらいたいこと、を願っている。それを示すものとして、その時の移民約定書では細かく決めている。

①新潟港からの旅費その他の費用は本社から貸与する。

②家屋一棟、馬・農具ほか必要の器物はすべて本社で現品を貸与する。

③食料は米麦折半、一戸十石貸与。一戸四人二十カ月の見積りなので、人数老幼により増

減がある。
④貸与実費の半額は本社の負担とする。
⑤一戸約一万五千坪の土地を定率とし三年以内に開墾すること。
七月に行った視察団の一行は各地に足を伸ばし、いろいろな所を見ている。例えば七月三十一日には三島父子と大橋・笠原・関矢・加藤・吉川らが、江別の河西に伊達《だて》という人の開墾地を見ている。また八月三日には関矢・吉川がビール・ぶどう酒の醸造所や蒸気機関を導入した製糸工場などを見ている。八月二日、三島・笠原・大橋ら主な人が集まり、
①明治二十年に移住させる人は二百人にしよう。
②そのうち百人は大地主の市島家で引き受けてもらいたい。
③移住する人が決まったら強壮な者五〇～七〇人は今年中に移らせ、伐木・排水・家屋新築等に当たってもらいたい。
などと相談した。結果は必ずしもそうはならなかったが、みんなが意欲満々であったことがわかる。八月三日には岸・大橋・笠原らが「来年の二百人の移住には人選が大変だろう」などと話し合い、四日には道庁の岩村長官に会い「江別のあたりに二百戸を新築するよう手配したい。移住者には辛抱に堪えうる者を精選したい」などと話している。

三島億二郎がこの視察旅行を述べた日記の中に、非常に注目される部分がある。『三島

億二郎日記』(三)の一四四頁に次のようなところがあるのだ。

八月七日、関矢孫左衛門と吉川庄蔵がやってきたのに対し三島億二郎が、岩村長官に申し出たこと、堀氏に将来の展望を語ったことなどを話し、関矢孫左衛門が養蚕に明るいことから「その場所の貸下げを願って、山野桑をもとに養蚕をやって見てはどうか」と言った。孫左衛門ももとより北海道移民には賛成のことなので、力を貸すと述べ「養蚕もわかるので機会があればやろう」と言い、自分も「郡長を辞職して移住する気が、なくもないのだ」と言っている。これについて億二郎は「関矢氏の移住は大いに望むところだ。こちらからそう言ったわけではなく、関矢氏の方から移住を言い出したのだ。自分も大いに希望すると述べた」と記している。これは孫左衛門が北海道移住の意志ありとほのめかしたわけで、注目される。孫左衛門が後に北海道に渡り、その半生を開拓村の建設に尽力したことを思うと、それが三島億二郎らの依頼や勧めであったこともさりながら、本人にも移住の意志がこの時点から潜在していたものと思われるのである。

その翌日にも孫左衛門と億二郎は養蚕の話をしており、大いに前向きに語り合ったらしい。しかし孫左衛門は「郡長勤役中故帰郷ヲ急グ為メ」二、三日中には帰らなければならないと、その日のうちに帰路についた。

当時の北海道にはまだ未開の天地という印象が強かったらしく、広大な大地を切り開くという大きな夢はあったものの、越後よりはるかに寒く厳しい自然条件の中で、開拓の鍬を打ち下ろすことに、入植者は相当不安を抱いたようである。行って見て驚いたというのが実情であったらしい。

当初は囚人が開拓した二四〇町歩を払下げてもらい経営に取りかかった。払下げは二十年三月十二日に認可されている。前記のように入植者への政府の補助金は、北越殖民社に試行されはしたが、開拓の進捗や成否いかんでは廃止されるものとされていた。

会社は越後から契約労働者二三〇人と、現地の月形村から七五人の農民を雇い、知来乙《ちらにおつ》の農場経営に取りかかったのだが、これは失敗に終わり、労働者は十月末までに全員国元へ帰った。この時は七千円の損失を出した。当初の計画のように十五年間連続して二百戸以上の移民入植は、いうべくして到底達成できず、明治十九年をはじめ二十二年に野幌へ三七戸、知来乙に三八戸など、二十三年六月十九日現在一三五戸、六三二人であった。古志・三島・蒲原・魚沼からの入植者が主であった。野幌へ入った人のうち一二戸は独立移民、即ち自力移民であった。その後も二十六年、二十八年と入植が続き、のべ三二五戸が入植した。しかしいろいろ流動的であったものと見え、二十九年には二八七戸になっている。

北海道のほかの所への移住ももちろんあり、明治二十五年には越後からの北海道全土への移住者が、一四一〇戸・四七三三人となった。その後は毎年五千人前後の移住が大正時代まで続いた。最も多かったのは大正四年で七千人を超えた。

北越殖民社の移住の条件は、前記のように移住や開墾の経費はすべて会社が貸与し、返済は借り入れた半額を五年間据え置き十年償還、しかも開拓した農地は半分が入植者に与えられることになっていたし、会社から借用しなくても済む移住者には、土地の九〇パーセントが与えられるものとされたので、一見大いに有利に見えるものだった。しかし現実は厳しく、事業としてのスタートは前記のとおり失敗であった。とはいえ開拓への取り組みはあくまで前向きで、二十年四月には殖民社と移住者の中から、六人を札幌農学校現業部へ入学させ勉強させている。また十月には農談会を開いて、西洋式の馬具や農具の説明をし、使い方などを移住者に指導している。

戸別の土地の位置は抽選で決めたという。一区画は間口約一〇八メートル奥行き約四五〇メートルで、五町歩ずつに区切られていた。入植者が建てた住居は、住居といってもそれは事実上の小屋であったが、そこが熊笹の原野であったことから笹で屋根を葺いた。しかし刈り払ったばかりの所だったので、家（小屋）の中にも笹が生えてきたという。当初は灯火もなく、水はたまり水を使い、便所もない暮らしであった。しかも家（小屋）はお互いに離れていたので、隣といっても雑木林や背の高い熊笹の陰で見えなかった。

開墾は熊笹などを刈り払ったり焼き払ったりした所に、蕎麦、粟などの雑穀を蒔くことから始めたが、熊笹の根まで取り除くのは大変だった。根を除いた所から少しずつ馬鈴薯や玉ねぎを植えた。自然の中で肥えた土地だったので、最初のうちは作物の出来はよかったそうである。衛生的に問題の残る暮らしぶりだったので、初年度の秋には四〇人もが熱病にかかった。

孫左衛門の末子五十嵐齢七氏が野幌開拓のようすを描いた絵

　明治十九年九月二十九日、三島億二郎は笠原文平と小千谷へ行った。当時北魚沼郡長として、小千谷の郡役所にいた関矢孫左衛門を訪ねて行ったのである。北海道の件について「関矢氏身上ノ事ニ期望スルアルヲ以テ」であった。「此儀ハ兼テ札幌ニテ同氏ニ説話セシモ、帰来更ニ時事ニ感スル所アリテ前意ヲ丁寧ニスルナリ」と三島日記にあり、孫左衛門の北海道移住の意志を再確認にきたのではないかと思われる。三島・笠原は夕方孫左衛門のもてなしの料亭で話しあい、その晩は小千谷の西脇家に招かれて泊まっている。

十月二日、孫左衛門も小千谷から出向き平田多七・笠原文平・岸宇吉の諸氏とともに、三島億二郎のもとに集まっている。もちろん北海道開拓の相談である。平田多七は札幌で機械耕作をした、北海道農業の先達であった。

三島億二郎は明治二十年も、六月下旬から七月にかけて倅徳蔵らとまた北海道に渡り、岩村長官や森源三、大橋一蔵・同順一郎らに会っている。

開拓地の第一線に立つ

北越殖民社にとって最大の難関であったのは、発足間もない明治二十二年の、社長大橋一蔵の急死である。その後を引き受けて奮闘し、新しい村づくりを成功に導いたのが関矢孫左衛門なのである。

明治二十一年十二月三十日、大橋一蔵は所用があって新潟港経由で郷里に帰ってきた。そして二十二年一月八日には上京の途についた。二月十一日に大日本帝国憲法発布の大典が行われるので、その拝観のためであった。

さて大典の当日、大橋一蔵が中頸城郡の遠山千里郡長とともに、元数寄屋町の旅館を出て和田倉門外にきた時、あたりは拝観者で大変な混雑となっていた。桜田橋の上で花車にひかれそうになった老女と少女に遭遇、その時大橋一蔵はとっさに少女を救い、さらに老女を救おうとした。しかしあっという瞬間、かえって自分が花車の車輪にひかれてしまったのである。重傷であったという。ただちに赤十字病院に運び込まれたが、出血多量で重体となり、二月二十日ついに不帰の客となった。享年四十二歳であった。

憂国の熱血漢で、教育の重要性を説き、北海道開拓の大きな夢を抱いた快男子は、夢半ばにしてついに倒れたのである。

これは北越殖民社にとって一大奇禍であった。事業はスタートしたばかり、しかも予期に反して大きな損失を出してしまい、その立て直しもまだ軌道に乗らない時である。この先どうなるか。いや、どうして行くか。それを誰がやるのか。先の見通せない大問題であった。そしてこの難関を背負って立ったのが、関矢孫左衛門なのである。この一大奇禍が関矢孫左衛門の半生を決めたとも言えそうである。

三島億二郎は日記「第四回北遊記」にこう書いている。

二月二十日大橋氏没シ、二十二日谷中天王寺ニ埋葬アリ、之ニ会ス
大橋氏之死、唯一ノ良友ヲ失フノミナラス、北海道開拓ニ付一ノ首領ヲ欠ク、同志者之不都合容易ナラス、且ツ後ニ聞ク所ニヨレハ、樺戸・札幌等ニ種々事情、甚ダ心ヲ苦シムルモノアリ

これは友人を失った悲しみとともに、北越殖民社そのものの危機に直面した心配が非常に大きかったことを、行間ににじませている。

前途は暗たんとし、会社がそのまま解散に追い込まれる恐れもないとはいえなかった。しかし夢と希望に支えられて入植した人たちを放り出すわけにはいかない。事情を知り前

途を懸念する人たちは、一日も早く現地で指揮をとる人をと気をもんだ。そして関係者のみんなが「彼ならやってくれるだろう」と推薦したのが、関矢孫左衛門であった。

当時孫左衛門は、前述したように北・南魚沼郡長をつとめていた。明治十二年郡制施行の時、三十六歳で初代北魚沼郡長に任ぜられ、十五年からは南魚沼郡長も兼任していた。そこへ大橋一蔵の奇禍である。三島億二郎、岸宇吉らの要請を受けた孫左衛門は、両郡長の職をなげうち、二十二年四月北海道へ渡ったのである。郡長は依願退職している。

ここで思い当たるのが、孫左衛門がほのめかしていた北海道移住への意志である。そういうことがあったので、三島億二郎らは一層孫左衛門に、大橋一蔵の後継を期待したのではなかったかと思われる。もちろん孫左衛門自身も、まさか大橋一蔵がこのような輪禍で亡くなるとは思いもよらなかったことであった。しかしこうなってみると、すでに北海道で日夜開墾に精出している人々を、会社として放って置くわけにはいかず、誰かが現地に立たねばならない。かねて広大な北海道の大地を踏んで、活躍してみたい気持ちを潜在させていた孫左衛門であったので、迷うことなく南北魚沼郡長の職をなげうったのではなかろうか。

孫左衛門は六月初めいったん帰郷、六月十八日には小千谷の五智院で北魚沼郡内の有志による送別会が開かれている（当時は小千谷も北魚沼郡であった）。七月八日再び渡道、野幌で善後策を協議、九月十五日また郷里へ向かっている。その時は移民を募集することを念頭に置いていた。

岸宇吉は、戊辰戦争で壊滅的打撃を受けた長岡で、いわゆる唐物商を始めて長岡の経済復興に尽くした人である。銀行・鉄道・石油・製糸等々、当時の県内経済界の第一人者であった。孫左衛門も後に書いた思い出の中に「殖民社に入ったのは四十四、五歳の時であったので、ほかになすべき事業は多かったが（ほかのことには）一顧だも与えなかったのは、一つは老兄（岸宇吉）の信頼の厚いことに感じ、終身をこれに捧げて努力しようと誓い、野幌の原野に移住民とともに骨を埋める覚悟で来た」という意味のことを書いている（『野幌部落史』）。自分の気持ちもさりながら、三島億二郎とともに岸宇吉に説かれたことが、移住の決心ににつながったもののようである。

孫左衛門はこの年野幌に住居を建てている。この時以来孫左衛門は、その半生を北越殖民社に打ち込み、北海道の開拓にささげたのである。

明治二十二年七月三十一日、大橋一蔵の邸にいた関矢孫左衛門を三島億二郎と青柳逸之助が訪ねているし、八月一日には小林伝作もきて孫左衛門を誘い札幌の焼酎工場を見たり一緒に越後村を訪ねている。その年は内地は不作であったようだが北海道では麻・麦・そば・大小豆・芋などみんな出来がよかった。越後村の十戸は少しずつ養蚕もやっていた。

関矢孫左衛門　48歳の時の写真

八月二日は孫左衛門・遠藤亀太郎・三島億二郎らが馬で野幌へ行った。野幌では平沢政栄門が三間・七間半の家を建て、三町歩を開拓し二筋の排水溝を掘っていた。

同五日には関矢・青柳・三島らが汽船で樺戸へ行っている。そこでは「一昨年ト八大ニ観ヲ改メタリ」(三島日記)で、移民四三戸は一戸三町歩を耕していた。

十日には孫左衛門は三島・遠藤とともに越後村の十戸と後から加わった石見《いわみ》(島根県)の七戸の全戸に会い、殖民社の社長として「勤倹に努め自立自活、やがて豊かな村を築くため貯蓄するように」と訓示している。

十一日には道庁職員の湯治《ゆち》氏という人を訪ね「明治二十年には、移民が二百戸になったら公費一万円を支給してもらう話になっていたが、大橋一蔵の死亡のこともあり(一年で二百戸の)達成が困難のため、年限を限らず二百戸に達したら一戸五十円ずつの割で支給して欲しい」と要請、翌十二日にはそれを永山北海道庁長官あての文書にして提出した。そこには創業以来多くの経費がかかり、すでに資金の三分の二を使いはたし困っていること、年月に遅速はあっても必ず初志を貫徹すること、二十三年からは野幌への移民の増加に尽力すること、などを述べている。

その頃(二十二年八月)越後村は小作料に関して大橋一蔵と入植者間に口約束的なことがあった模様で、後継社長の孫左衛門を悩ませている。

三島億二郎らは八月二十五日北海道を後にしたが、例の「一戸五十円支給」が十月八日付で認められた。道庁から「二十三年十二月までに、二〇〇戸以上あれば、詮議を以て取り計らう」旨の回答があったのである。

これに勇気を得て孫左衛門は、越後で移民募集に奔走することにした。

越後へ帰る途中まず北海道庁の永山武四郎長官を訪ねて挨拶し、越後へ帰ってくるやただちに同志を糾合し、行動を開始した。孫左衛門は笠原文平とともに蒲原と魚沼を、三島億二郎は古志・三島郡を担当して、郡役所や村役場を通して趣旨を説明し、あるいはみずから会場を求めて遊説してまわった。担当を決めたとは言ってもそれは便宜的なもので、実際の活動ではあまり区域にこだわっていない。遊説巡回は冬だった。時期的にそういう巡り合せになったこともあるが、農閑期で農家の多くが家にいる間に、というねらいもあったものと思われる。この遊説のようすは三島億二郎の日記に詳しい。

明治二十二年十二月十三日、関矢孫左衛門と三島億二郎は片貝村（小千谷市）の佐藤佐平治のもとに趣いた。億二郎は孫左衛門より一足遅れてきた。そこでは村の有志の斡旋もあって二百人も集まり、孫左衛門が北越殖民社を説明し、移民募集の趣旨を語った。三島億二郎も移民の理由についてよく説明した。

十五日、三島は片貝の宮川・浦村・道半などの重立ちに会い一泊しているが、そこへ古志郡の松尾村や北魚沼の田小屋村（旧入広瀬村）から応募者の連絡をもらっている。十五日の会場の浦村の学校には三、四十人集まっている。

この募集に三島億二郎が深い雪の中で難渋しながら、懸命に移住について説いたことが感動的であったと、後世まで伝えられた。十八日には五井伊次郎らと浦村で約五十人、十九日には竹沢の学校で約六十人、二十日には虫亀で二十一日には種苧原でと、毎日人を集めて移民の説明に励んだ。大雪に難渋し二十二日には道踏み人夫を三人雇い、一人はスカリを履いて雪を漕ぎ二人はそりを引いて先導した。日も暮れて足跡も見えず、一足ごとに一、二尺も雪にもぐる中、中野という所でようやく提灯《ちょうちん》を持った迎えの者数人に会い、地獄に仏に会った思いだと喜び安心している。

村の有志は三島翁が見えるというので歓迎すべく、重立ちが迎えに出た。すると翁は菅笠をかぶり茣蓙《ござ》を着て、股引き脚絆にわらじばきのいで立ちでやってきた。どこでも村の衆にお寺や学校に集まってもらい、北海道への移住を順序よく分かりやすく説いた。その時億二郎は「村に居て食われぬという怠け者は、北海道へ行っても食われまいて」と言った。聞く村人はその一言に感動したという。億二郎は移住民を募るに当たってとくに質的な面で厳選したといい、それが古志からの移住者の定着率の高さに表れたといわれる。

その頃山古志の村々は戸数人口ともにどんどん増えていた。明治七年には戸数一、五八七戸、人口八、九八六人であったものが、同二十一年には一、八八六戸、一一、五五〇人になっている。その時点では、二十年後にさらに五百戸四千人の増加が見込まれていた。山間辺地の耕地の少ない村が、このような現実を抱えている時の北海道開拓移住の誘いは村人を考えさせるに十分であった。この傾向は古志の村にとどまらず、当時の越後国内ではほぼ共通した現象であり問題点であった。

しかし厳しい暮らしの中でも、北海道への移住となると戸惑い考え込んでしまう人も少なくなかったようである。移住を決心した人もいた反面、老人や兄弟の意見が合わず、移住を希望した戸主もやむを得ず断念したという例もあった。

殖民社は縦四寸横二寸ほどの木札を作り、表には北越殖民社の印、裏には郡・村・氏名年齢を明記し移民に持たせることにした。特に年齢は満何歳何カ月まで詳しく記させた。移民が持参する米なども一家に三ー五俵はよいとされ、味噌も半俵の桶は三分の一にして軽くすること、荷物の重量は三十貫目（一一二・五キロ）まではまあまあだが、およそ二十五貫目（九三・七五キロ）までを限度とすることなど、具体的に細かく検討している。

年末の募集活動をひとまず終えて、明治二十三年一月二十五日三島億二郎は県知事を訪ねた。移民の出発に当たって告別の辞を、と要請したのである。知事もそれを快諾した。二月になっても募集活動は続いた。三島億二郎に関する限り二月十一日片貝の寺で八十人ほどを前に話し、翌日は栖吉で同様百人ほどに説明している。ほかの人たちも同様に続けていたものと思われる。

やがてぽつぽつ応募者が現われてきた。三島日記には何家族かが見えるが、孫左衛門その他の殖民社関係者のところにも同様であったはずである。

この移民は当然地域の話題になったはずで、みんなが真剣に考えていた。そうした動きの中でその年三月十一日、北魚沼郡役所から北越殖民社に「馬耕器械　二具　右本郡総町村組合会議の議決ニ依リ　貴社へ寄贈致シ候」と寄贈が行われている。もちろんそこには孫左衛門の意向が働いていたことが十分考えられる。

この寄贈の翌日つまり三月十二日、並柳の関矢孫左衛門のところへ、三島億二郎がやってきた。「移住民約定書」のサンプルを示しながら、それについてどうしようかと、相談にきたのだった。そのサンプルは明治二十一年十月、大橋一蔵と平沢政栄門の名前で作成されていたもので、

①野幌へ着いたら小屋がけ料として五円と縄を渡す。
②開墾した所は一反歩につき三円ずつ開墾料として渡す。
③そのほか米・味噌・金の貸与は一切しない。

など六項目に渡るものだった。先の年末からの募集には約定書をどう作成したか明確で

はないが、これを参考にして練り直したものと思われる。

渡航は四月十日以降いつでも乗り込まれるように手配しよう、第一陣は蒲原、第二陣は古志・三島、第三陣は魚沼とする方針は以前決めたとおりにしよう、などを相談、笠原文平には長岡から通知する、などを話し合っている。

なおその後の明訓校はどうなったか。明治十九年七月、大橋一蔵が校長を辞して北海道に渡ったこともあり、同二十一年九月には県立が廃止された。それは県の財政事情によるとされていた。ほかにも理由があったのかも知れない。ほかに理由といっても、大橋一蔵の影響がなくなってしまったこと以外には考えられない。その後も私立校として存続したが同二十八年七月にはついに廃校となった。

それを惜しみ関矢孫左衛門らが同三十三年「社団法人明訓校団」を組織、孫左衛門が団長理事となり、また数人の理事の中に孫左衛門の息子橋太郎も含まれた。

越後の農民は貧しかった

北海道への開拓移住の勧誘には、心を揺さぶられた者が少なからずいたはずである。というのは、越後にいても到底貧しさから脱却できそうもないという、悲観的見通しの者が少なくなかったからである。ではどんな状況であったのか。江戸時代から連綿と続いてきた越後の庶民、とくに農民の貧しさの背景ともいうべき要因を探りたいと思う。

基本論ではあるが武家支配の社会では、武家という非生産集団を農民の生産によって食べさせてきたわけである。世の中は武士が支配し、農民はじめ被支配者はその下に這いつくばって生きてきた。支配者は年貢を取る都合上、農民をより安定した生産体制下に置く必要があった。米が基準の経済下にあって米生産の向上をめざして開田を奨めてきたが、水利等から自ずと限界があった。農民も子供が生まれ、やがて独立する時は農地が要る。そこで農地の分割に迫られる。次第に農民の数が増えるがそれに応じて農地が広がるわけではないので、経営面積の細分化が進む。それはしかし年貢を取る側にして見れば不都合なことで、細分化された農地からは年貢が取りにくくなる。農民の生活も不安定になり、お互いに首を絞めあう結果を招くことになる。それを防ぐねらいも含めて江戸幕府は、寛永二十年（一六四三）田畑の売買を禁止した。中には実施しなかった大名もいたが、全国の大方の大名はそれにならった。

また支配者は、あまり農民が豊かになっても都合がわるかった。経済的に余裕のある農民が増えると、統治しにくくなるわけである。よく言われてきたように「百姓は生かさず殺さず」であった。また「百姓と菜種油は絞れば絞るほどとれる」などの俗諺も、当時の社会を物語っている。

越後では蒲原地方のような平野部と魚沼・頸城のような山間部では大幅に条件が違い、山間部では十石（二十五俵）の米を収穫する農家は数えるほどしかいなかった。とても子弟に分割してやれるほどの農地はなかったのである。そのため一応分家はしても表面は一家のままという建前をとり、大家族構成にもなっていた。生活の苦しさや苛税に堪えかねて村を逃げ出す農民もいた。逃げ出されて困るのは年貢を求める領主であり、当然逃げることを禁じた。しかし背に腹は替えられない困窮者は、逃げ出して貧民に転落するか、少しでも富裕な農家を頼って田畑を質入れし、急場をしのぐしかなかった。田畑はいったん質入れしたら、余程いい事情でもない限り取り戻すことは困難で、必ずと言っていいほど流れた。しかし全く耕作の道を絶たれては文字通り食う道を失うわけだから、人の手に渡ってしまった農地でも、耕作だけはさせてもらう。この形態がいわゆる地主・小作の発生であり、地主が小作地の年貢も払う代わりに、小作料をもらうことになった。

こうして地主が生まれると、貧しい者が「あそこの家なら、質に取ってくれるだろうから」とまた質入れを頼む。それが流れて小作人になる、というようなことが繰り返され、数十年も百年も経つうちに、大地主が生まれることになった。これは全国的に共通な基本的な図式であろうが、大地主に成長した家には、もちろんそれなりの才覚に長けた人が輩出したからにほかならない。いったん道がついてしまうと、まわり中の貧乏人が寄ってたかって地主を肥やすという、雪だるま式の巨大化が進んだのではないかと考えられる。

一口に地主と言ってもその実態はさまざまで、中には小作たちに親のように慕われ、あらゆる世話を受けながら尊敬される地主もいた。その一方では血も涙もないかと思われる冷酷非道な地主もいた。不作凶作の時など小作料を負けてほしい小作と、負けたくない地主の交渉や軋轢が、双方の人柄をしばしば露呈した。不満がある小作が苦情を言ったり改善を要望したりすると、地主からは二言目には「田んぼを返せ」と言われ、小作は黙って引き下がらざるを得なくなった。

江戸時代中期の宝暦年代から後期の天保頃までの、関矢家のある現在魚沼市の旧広神村川西地区の場合、十五石（三七・五俵）以上の収量をあげる農家は一〜二パーセントしかいなかった。五石（一二・五俵）以上の者でも一〇パーセント前後、それ以下が九〇パーセント内外もしめていた。中でも注目に値するのは、一石（二・五俵）以下の生産しかあげ得ない極貧層が、半分以上もいたことである（『広神村史』）。水田は米の収量別に上・中・下・下々の四段階に格付けされていたが、上田でも十アール当たり三俵三斗しかとれないものとされていた。

そのような社会にあって関矢家は、文化四年（一八〇七）に一一六石（二九〇俵）という桁違いの所得をあげていた。それから三十八年後の天保十三年（一八四二）には、四二一石と三・六倍にもふくれあがっている（同）。ここでは関矢家の場合を例にあげはしたが、このような傾向は越後の、あるいは全国の各地に見られたものと思われる。そしてどこでも特定の大地主の周辺には、貧しい者がひしめいていた。そのような人たちは当時の社会構造上から、特別の才覚の持ち主か僥倖《ぎょうこう》でもない限り、小作から脱し切れなかった。

そんな人々が少しでも暮らしの足しにと、江戸時代中後期まで励んできたのが、魚沼を中心に生産された越後ちぢみであり、それがやがて養蚕・製糸に代わった。幕末から明治にかけては養蚕・製糸の興隆期であり、ずっと続いてきた畑作物制限も、明治五年には撤廃され、畑に桑を植える者が多くなった。魚沼には幕末から「根小屋高助」という名桑も生まれている。明治三年には民政局から、課税基準が国内用輸出用とも生糸一貫目（三・七五キログラム）について銀三十匁、種紙一枚百文など、七項目にわたる通達も出されている。外国から製糸機械が導入されたのは明治二年のイタリア・フランスからが初めてとされているが、越後など後進地域に普及してきたのは明治中期である。

越後では養蚕もちぢみと同様、魚沼が他郡よりさかんであったが、それを裏返して見ればそれだけ貧しかったということにほかならない。養蚕の盛んであったことを裏付けるように紬《つむぎ》の生産が盛んになったが、一例として須原紬《すはらつむぎ》の名が生まれ、須原（旧守門村）を中心に幕末には約一万疋《びき》、明治十四年には二万五千疋の生産があった。

生糸《きいと》の輸出に伴う、全国的な製糸業の興隆で越後の、特に魚沼・頸城が女工供給地となり、女工哀史の世界を生み出すのは、この頃より一時期遅い明治後期からである。

このような越後の貧しかった実情を詳しく述べていれば、ほとんど切りがないようなものであるが、とにかく元武士や貧しい農民に活路を開き、希望を持たせるための合理的手段が、北海道への開拓移住であると勧められたのである。

さて、孫左衛門らが示した移住の条件は、基本的には大橋一蔵の時と同じようなものであった。主な内容を要約して拾いあげてみると次のようである。
①移住民は農業の経験者に限る。
②家族同伴を選ぶ（独身者は歓迎しない）。
③会社が貸与した金額は四年据え置き、五年目から向こう十年年賦で返済する。
④衣類・夜具・鍋釜・膳椀・農具をはじめ、ささいな物もなるべく持参すること。北海道

は特に高価だからである。

⑤野幌殖民地に移住する者には次のものを貸与する。

新潟港よりの旅費、到着後二十カ月間の食費、農具（唐鍬・山里鎌その他）、大小麦・大小豆・馬鈴薯・トウモロコシなどの種子、二間半六間の家一棟。

⑥移住民の土地は五町歩を一戸分とし、半分を会社持ちとし半分を開墾者に与える。

⑦小作人は四年目より当分の間、一反歩一斗五升以上三斗以内の年貢を払う。

この中で注目されるのは家族同伴の点で、家族に縛られることのない独身者は、身軽に転出してしまうおそれがあったからであろう。それは開拓の厳しさを最初からよく承知の上で、納得して入植してもらおうということであった。夢をふくらませることはある意味では大切なことであったが、募集する側は誇張した、いい加減な勧誘は行わなかったと思う。孫左衛門や三島億二郎の人柄を知れば、そんなことはあり得なかったことが分かる。この開拓事業の歴史を書いた『野幌部落史』の著者関矢マリ子氏は『のっぽろ日記』の中に、入植の条件について次のように述べている。

渡航費をはじめ小屋農家具、二十ヶ月の米噌（全て現物支給）等を貸与して、その半額の変換を要求したが、三ヶ年据置後十ヶ年年賦となした。また十ヶ年間に区画五町歩を墾成した者に半数二町五反を分与する契約を結んだ。この半戸分与は移民の定着、開墾を進捗せしめるに効果的だった。墾成後売買登記の形式で二町五反歩の自作地を得たわけだが、自作地だけでは暮らせない。一戸五町歩は是非耕作しなければならぬ。また殖民社の同意なくしては自作地の売買は出来ない。

右の普通移民契約と共に独立移民契約を設けて、自費渡航開墾せんとする者に区画の十分の九を与え、一割を義務地として鍬下明け後小作料を徴収した。かかる者として、没落せる中小地主の土地其他の財産を手離しての移入あり、又地主、士族の二、三男、或は既述の中農等全部で十戸程入った。第一の地主中には男女奉公人数名を国元より呼び、それに賃労働を加えて、百町を殖民社から引き受けた者もいたが成就せず一家離散した。

海を渡り、寒い北の遠隔地北海道への移住呼びかけには、いろいろな反応があったらしい。零細な小作でいくら働いても自分の土地は持てず、赤貧洗うがごとき暮らしを続けてきた者にとっては、自分の土地が持てることは大きな魅力であった。しかし生まれた国を捨てて未開の原野に立つことの不安は当然あり、家族内で意見の分かれることは珍しくなかった。とくに老人や、幼子を抱えた妻の心配は大きかった。不安と希望・夢が交錯し、北の大地で存分に活躍しようと思う反面、先祖代々の故郷を離れることへの躊躇、逡巡はあるのが当然であった。

独立移民（自力移民）契約は明治二十三年だけであった。募集する側にとっては、世の中が厳しい方がよかったのかも知れないが、その頃は比較的景気もよく、物価も上昇し各産業の労働力需要も上向きになっていた。北海道の現地では大橋順一郎、平沢政栄門、松川安次郎らが入植者の受け入れ準備を進めていた。土地は十九年二月九日付けで、北海道庁から丘陵密林三〇七万坪と、草原二〇〇万坪を貸下げられていた。その三〇七万坪を間口六〇間奥行二五〇間で、二百戸分の区画にした。立ち木を伐り笹を刈って、間口二間半奥行六間の「笹小屋」と呼んでいた、笹葺きの小屋を建てた。

越後と現地の連絡は始終、電報のやりとりで続けられた。越後では三島億二郎宅の「本社」で何回も会合がも持たれ、渡航の時期、具体的な郡別の行動のあり方、一定の鑑札、荷札・荷造りの注意等々、細かい部分にまで配慮しなければならなかった。

移住の申込書は「私儀親族協議ノ上貴社募集ニ応ジ」で始まり、開墾を怠らず決して荒蕪ならしめないこと、代わりがあるまではその土地を離れないことなどを約束する内容になっていた。

集まらないのではないかと心配された応募者は、明治二十三年三月には予定の人数に到達した。その陰には「『関矢様や三島様がお連れ下さる』と言ふ『大船に乗った』一種の安全感が作用した」（『野幌部落史』）という。確かに魚沼では「郡長自ら北海道へ渡るのだ」ということが、地元の人たちの心を揺さぶったと見える。また蒲原・古志・三島郡などでは、三島億二郎の信用は絶大であった。

この時の入植者募集の呼び掛けに応じた志願者は、魚沼をはじめ各地から計四一〇人あった。蒲原から二一八人、古志・三島三五人、魚沼一五七人である。

三月五日、三島億二郎宅で地割の抽選が行われた。魚沼・蒲原・三島・古志の四組に分け、各戸別には現地で再抽選することにした。四月中に入り込めばその年の収穫も期待できると、そのつもりで計画を進めたのであったが、現地での小屋かけが間に合わず、第一回の蒲原移民の出航が五月二日になった。当時は神戸発で尾道・下関・境・敦賀・伏木・直江津・新潟・酒田・土崎・函館・小樽の西廻り航路であったが、移住者が乗る伊勢丸・住ノ江丸は悪天候にたたられて遅れた。移住者たちは四月二十五日頃から新潟へ集まり始めた。古志・三島郡の者は長岡から、魚沼の者は六日町・小出・小千谷などから魚野川・信濃川を船で下った。

出発に先立ち蒲原組は四月二十七日、古志・三島・魚沼組は五月一日に、それぞれ新潟の白山神社前で県知事代理書記官小澤正常の訓辞を受けている。それは「私は関矢氏の要請で諸氏と相みることになったが、北海道開拓には政府が奨励し保護しているし、優遇の恩典がある。殖民社の関矢氏は将来幾多の便利を与えるので、諸氏はほかの心配をすることなく開墾に励むように。万難に堪え殖民社に身をあずけ、会社の指導に従って仕事に励むように」というような内容であった。

一行が宿で船の到着を待っている間に、移住者の中の一歳の赤ん坊が病死するという、切ない出来事が起きた。孫左衛門らは悲嘆にくれる若い夫婦を慰める一方、出航を目の前にした慌ただしい中、死亡診断書やら葬儀の準備やらで医師や坊さんを頼んで回るなど、走り回らねばならなかった。

こうして明治二十三年五月二日午後二時半、日本郵船の汽船伊勢丸は関矢孫左衛門の引率する蒲原組の二一八人を乗せて新潟港を後にした。小樽へ入港したのは五日の正午すぎである。その後になった古志・三島・魚沼組は小樽に九日に入港している。この第二陣は孫左衛門の次男、山口多門次が引率して行った。先組も後組も、鉄道局に荷物ともども無賃輸送を交渉したという。

人も荷物も台車で江別に着き、そこから荷馬車で野幌まで運ばれた。野幌では休憩小屋で各自がどこに入るかを抽選で決めた。夕方荷馬車で食事が運ばれたが、一人当たり二合の飯を、握り飯二個にし、塩引き一切れと香の物ふた切れが添えられていた。それが各戸へ配られ、翌日も朝とお昼は同様に配られた。これらは先に現地に行っていた人たちの炊き出しによるものであった。この時のようすを孫左衛門が克明に書き残している。原文は文語体で難しい表現も多いので、現代文に意訳してみると……、

移住民が初めて野幌に着いた。各自老幼を連れ海を渡ってきた。これは生死の間を経過することのようで、目がくらみ病気にもなり、飲食することもできない。惨々な夢を見ている夜のようで身体に正気なく、七日たって小樽港に着いた。大地を踏んでしばらくしてやや安心した。明日は前途安穏な土地、第二の故郷となすべき野幌に着くのだからと入浴して体をきれいにし髪を結び、子供たちには晴れ着の一枚も着せ、疲れている体も忘れて汽車の台車に案内され、野幌に着いた。吹き抜けの大きな小屋に入り、休憩して昼飯を食べた。国元で抽選した魚沼・蒲原・古志・三島の順もきまり、その中の屋敷の順番はここで抽選して決まった。

社員が「今日は荷物を分配することができないので明日受け取って下さい。今夜は野宿のつもりで筵を三枚から五枚と、手桶・茶碗を渡します。これで社員が分ける夕飯と朝飯を受け取って下さい」という。

それぞれの案内によって番号順に小屋に入る。小屋は笹葺きで入り口には道らしい

道もない。樹木は密生していて空が見えない。小屋の中には笹が生えているし便所などもない。屋敷は六十間の間口で一町も離れている隣家はどこにあるのか見えない。人の声も聞こえることはなく、ただ物音がこだまして稀に聞こえるだけである。夕方陽が落ちても燈火もなく、とても寂しい。誰に訴えることもできず、夫婦は茫然として、子供を振り返ってはともに泣くよりほかはなかった。関矢・笠原らは馬に跨り各戸のようすを窺おうと巡回した。その惨憺たる有様を見て励まして言った。

「鉄道を作る兵村を見なさい。それも初めはみんなこんなふうであったんだ。何年か開墾して成功すれば、あの人たちのようになるだろう」

さらに枯木を集めて火を燃やさせ、

「勇気を出して今夜を明かしなさい。明日の朝からは食料も農具も渡すし、荷物もくるだろう」

と励まし、元気づけた。

孫左衛門はなお、五月六日付けの日記にもその頃の状況を細かく記している。前記同様意訳により、その大意をみるとこのようだ。

関矢・笠原が移民を見て廻った。深い林や荒野の中の草屋で、窓や戸があっても低く、未だ戸のないところもある。土間でまだ乾いておらず、入り口は笹を刈り土を均してあるが、笹の根が足を傷つける。子供が多く妻は病臥している。船酔いがまだ治っていないのだ。夫は家具や夜具を運んでこなければならない。家と家の間は六十間離れているし、心淋しく道は遠く、夫婦が向かい合って泣いている者もいる。越後にいた時の想像と違うことを嘆く者もいる。また将来の見込みがあると、張り切って快言壮語する者もいる。実にその人柄によって千差万別である。しかし我々も悄然としないわけにはいかなかった。家々を諭して笹を刈り敷かせ、その上に筵を敷いて火を焚かせた。

移住する人たちの多くは、越後で話に聞いてきたことと、現地に立った時の実感の違いに驚いたのではないかと思う。応募の段階から厳しさは十分認識していたつもりでも、やはり現地の印象は別だったと思う。

衆議院議員を辞職

北海道に渡らなければならなかったとはいえ、孫左衛門は郷里の魚沼から全く離れてしまうわけにはいかなかった。両魚沼郡長の職からは離れたものの、地域にあっては「関矢様」といえば、主だった事業や問題のある時には、必ず顔を出さねばならない存在であった。そして明治二十三年七月には、郷里から衆議院議員に立候補することになったのである。この時の第一回衆議院議員選挙には、立候補することがその直前に決まったものとは考えられず、相当前から地域の問題になり、話題になっていたものと思われる。

明治二十二年三月十五日の、三島億二郎の日記に「明年帝国議会開設ニ付ては、其候補者予定之必要なるニ付、本郡ニ於てハ外山氏併《ならび》ニ僕ヲ御選定あるべき間、右候補者たるを承諾すべき旨、縷々《るる》御紙面之趣《おもむき》拝承仕《つかまつり》候（中略）。然るニ僕ニ在《あり》てハ、何分諸君之厚意ニ応シ、承諾シ能《あた》ハさる者あり、僕之如キハ、浅学固陋《せんがくころう》久しく田舎《いなか》ニ在《あり》て世情ニ疎く、殊ニ老衰之余事ニ堪ふる之気力乏しく（後略）」とあるように、億二郎もしきりに立候補を勧められたようである。しかし彼はすでに六十四歳になっていたので、老衰しているからほかの事に堪える気力がないと断っている。この点孫左衛門の場合、仮に本人は希望しなかったとしても、断わりきれなかったのかも知れない。

この選挙には北越殖民社の関係者が二人、第四区から笠原文平、第七区から関矢孫左衛門が立候補し、孫左衛門が当選している。北越殖民社には衆議院議員になって欲しいと要請されるような、地位も財力も人望もある人材が揃っていたといえるだろう。この時は日本の最初の国会で、明治二十三年十一月二十五日に開会した。

この選挙の前、三島億二郎は六月下旬に出発し、七月三日函館入港で北海道に渡ったのだが、同八日札幌に着いて関矢孫左衛門が帰郷していることを知り、びっくりしている。孫左衛門はもちろん立候補のための帰郷であったと思うが、その辺の連絡がうまくついていなかったらしい。際どいすれ違いであったらしいが、三島億二郎は「関矢氏ノ帰郷ヲ聞テ驚ク（中略）関矢氏ニ会面セサルハ遺憾少ナカラズ、失望々々」と、七月八日付の日記に書いている。

関矢家からはこの後も代議士が輩出しているが、この時の孫左衛門が初めてである。

関矢孫左衛門が衆議院議員として北海道を離れざるを得なかった間も、三島億二郎は北海道庁はじめ関係方面を訪ね、移民の保護援助政策について要望するなどしていた。しかし道庁では「開拓は奨励するし道水路の建設には力を入れるが、特定の一、二社に特別援助ということはしないので、これまでに話のあった一万円支給（二百戸達成時に一戸五十円の割合で支給）の件も、政府で異論が出るかもしれない」などと言われ、億二郎も心外がっている。その件は従前からの引き続きで、社員一同支給されるものと確信しているのだと、億二郎は十九年の創立以来いろいろな事情で社務は振るわず、加えて社長大橋一蔵の死亡などの事情を述べ、道庁の役人の理解を求めている。

この年は米価が高騰し新潟港からの米の積み出しが止められ、殖民社も入植者に南京米《ナンキン》を支給せざるを得なくなった。野幌の兵村ではこの年水田が試作されている。

七月十五日、三島億二郎が野幌に着くと、入植者はみんな喜んで迎えてくれた。しかし八月二日道庁の第二部長理事官橋口文蔵から、北越殖民社惣代としての三島億二郎に「一戸五十円ずつ十ヶ年貸与の件は、大蔵省で異論があり、新会計法では許可にならないので二十年十月五日付の指令は二十三年度限りとし、この際取り消すので承知して欲しい」という内容の文書がきた。それに対し億二郎は三日「返事は関矢孫左衛門がきてから連署して出します」と回答している。孫左衛門の帰りが待たれるところであった。

ところが八月七日、こんどは小野という農商課長から呼び出しがあり、近々例の補助金一万円を支給するので、請求書を出せという。当時の北海道庁の行政の不統一さを物語る事例である。

その時点で殖民社の移民は二〇八戸であったが、道庁では二百戸分一万円はあるが八戸分はないから、政府からもらえという。結局一万円は十八日に受け取り、億二郎はそのうち九千円を北海道銀行に当座預けとしている。千円はどういう事情のもとにか、早川という人に渡している。

その頃孫左衛門は北海道に向かっていた。二十三日は風雨激しく大嵐だったので、億二郎は「関矢氏の船はどうしているだろうか」と心配している。

孫左衛門は八月二十五日にようやく三島億二郎と会い、二人で道庁長官を訪ねている。億二郎は例の九千円の北海道銀行の預かり券、早川という人からの千円の受取書を孫左衛門に渡し、それまでの事情を詳しく語った。

九月一日、二人はまた道庁を訪ね橋口第二部長に「空いている土地はありませんか」とたずねた。当時北海道には入植開拓の希望者が多かったようで、なかなか気に入った土地がなかったらしいが、それなりにお願いして午後は二人で野幌にやってきた。

翌日、野幌のナス・キュウリなどの野菜が非常にできがよかったので、孫左衛門は新しい移民の中では一等だと喜んでいる。五日には二人は越後村へ行き、大河原文蔵に「大橋一蔵のあと、越後村十七戸の管理を頼む」と託した。

九月十日すぎ、三島億二郎に北海道に残ってくれという声が強まった。孫左衛門も是非億二郎に居残ってほしいと願った。それは北海道の長い冬をとおしての長期滞在であった。それというのも孫左衛門が代議士として、東京へ出なければならないことが多かったからで、特に野幌の管理について頼まれたものだった。億二郎もそれを承知した。第二殖民地を願い出ている時であったが、それが叶うかどうかも分からない大事な時であった。

三島億二郎はしかし、いったん越後へ帰るべく九月十九日に発ち、二十三日に新潟港に入っている。そして二カ月後の十一月十九日再び、すでに冬を迎えている北海道に向かった。関矢孫左衛門や岸宇吉らが駅へ送りに出ている。その後十一月下旬から十二月にかけて、孫左衛門は東京にいたらしい。

十二月四日、中野義郎という人が三島億二郎を訪ねてきた。

「長さ一里半幅一里の官林の栗林があり、栗の実がたくさんとれるのでそこを欲しいと思いました。関矢さんにそのことを手紙で伝えました。すると『三島翁に相談しなさい』という返事なので、三島さんが同意してくれれば最もいいし、そうでなかったら誰か（相談する人を）指示して下さい」

ということであった。その時億二郎は、

「私はもう老衰して気力に乏しく、新しいことを企てる力はない。関矢氏は野幌に一年半もいたのだから、関矢氏に相談しなさい。笠原氏にも相談しなさい」

と返答している。この栗林経営がその後どうなったかは確認できない。またその事業の見通しにもよりけりながら、この時の三島億二郎は、自分は留守番なのだという姿勢を見せ、あくまで孫左衛門を立てている。

明治二十三年九月二十六日、江別の越後村の十七戸に年貢のことなどの申し渡しが行われているが、それは「北越殖民社委員関矢孫左衛門」として、越後村の一柳多四郎ほか十六名にあてている。内容は次のようであった。
①土地は二十五年までに必ず成墾すること。
②耕地に不適当なところ以外で、成墾していないところは返してもらう。
③小作料は一等地が反当二斗五升、二等地二斗。三等地一斗七升五合。四等地一斗一升五合とする。
④それは小麦・大豆・小豆の各等分を現物納とする。
⑤ただし本年（二十三年）より二十五年までは平均値段石当たり四円として金納すること。
これによって十二月九日、孫左衛門の名による書付（納入通知書）を渡し、大河原文蔵が実務に当たって、十七戸から小作料の納入が行われた。これが殖民社にとって、明治十九年の経営開始以来はじめての収入であった。関係者一同が大橋一蔵の霊前に粗酒を供えて報告し、初収入を祝っている。

十二月十二日の三島億二郎の日記に、平沢（政栄門）の家で芋酒とカボチャ団子をご馳走になったことが見える。芋酒はくせがなく甘いとか、カボチャ団子も前に食べたものよりおいしい、などと記述してある。これらの何気ない記述の中に、開拓地の食生活の一端を垣間見ることができる。

十二月二十四日には雪降りの中、三島億二郎が周囲の者たちと、お寺（後述）を建てる相談をしている。といってもこれは以前から計画されていたもので、関矢孫左衛門がすでに四間×八間に玄関付きの建物にしたいという計画を練っていたので、それに従って用材を選び雪の季節にうちに集めて置こう、という相談であった。

その翌日の日記に億二郎は面白いことを書いている。

その日は風雪激しく、勤勉な働き者も戸外では仕事ができまいと話していたら、松川の次男《おじ》は馬橇《ばそり》で斗満別《とまんべつ》へ炭を積んで行ったという。億二郎は「次男《おじ》」というから、松川家の浅二郎のことだろうと思っていたら、よく聞いてみるとそれは次女のことで、男まさりの働きをするので「松川の次男《おじ》」と言われているんだ、と聞いて笑ったというのである。

猛烈な風雪の中、十丁行くことも難しく働きに出るのは男でも困難なのに、松川の娘が二里もあるところへ働きに出た気力は、男も及ばないと感心し、入植者はこうありたいものだと億二郎は言っている。

二十五年には入植者は自分の収穫物で食べていかねばならないので、少なくとも二十四年には二町歩の作付けがなければならない。二町歩を作付けするには雪の季節のうちに木を伐り、雪消え早々から笹刈りと根掘りをしなければならないと、殖民社は冬の間に木の伐採をやるよう呼びかけた。また入植者以外の者を屋敷内に住まわせてはならないとしてあるのに、それに違背した者が二人いて、厳しく注意されている。

明治二十四年正月、社長の関矢孫左衛門が上京している留守の間、越冬して開拓地の管理に当たっている三島億二郎のもとに、元日来入植者が相次いで年始の挨拶にやってきた。それは予め元日は魚沼、二日は蒲原、三日は古志と分けてやってくるよう申し渡してあった。一度にどっとこられても対応できないことが、最初から分かっているからである。

一月中旬は猛烈な寒気に襲われ、十四日の場合「炉辺ニアルモノ、ヌレ紙、水コボシノ如キモノ皆氷結スル」（『三島日記』）状態であった。

ひどい寒さの中、二月二日から億二郎は激しい腰痛に苦しんだ。起ち居もままならぬ中で、春の開墾に備えて木を伐って置けと言っているのに、伐らないでいる者がいると、人を巡回させ注意を促している。

二月十四日億二郎は周囲の勧めに従って、札幌病院に入院した。入院中は読書に明け暮れ、勉強している。明治維新に関する考え方など、興味深いことも日記に見える。

三月十日ようやく退院した。そして十三日には「新渡戸《にとべ》稲造氏来ル、暫時面話」であった。新渡戸稲造は札幌農学校を卒業後、アメリカやドイツに留学した農学者で、のちに京大教授・一高校長を歴任した人である。文久二年生まれの彼はその当時は二十九歳の若さであった。日記にはその時の話の内容にはふれていないが、三島億二郎を訪ねたのはおそらく開拓事業のことを聞くためであったと思う。

三月二十四日、江別村の戸長が億二郎のもとに、次のような明治二十三年度の開拓地野幌村の作付け面積と収穫高を届けてきた。

	作付反別	一反歩平均収穫
馬鈴薯	一六町二反二畝	一六〇貫九八〇匁
大豆	六町四反八畝二〇歩	五斗七升二合七勺
小豆	五町九反四畝	五斗四升八合二勺
蕎麦《そば》	三一町四反三畝	六斗二升二合六勺
玉蜀黍《とうもろこし》	三町二反二畝	九斗五升四合九勺
粟《あわ》	八反九畝	一石五斗八升四合二勺
菜種	四反	一石五斗

計六四町六反弱で、このほか麦類や麻・インゲン・野菜類などがあり、開墾しただけでまだ作付けしていないところも一五町歩ほどあるという。

四月十二日、北海道庁から四月四日付の文書で、

石狩国札幌郡江別村字野幌ニ於テ原野地弐百万坪貸下《かしさげ》許可ス

という許可書が届けられた。宛名は、

北越殖民社惣代　新潟県平民　越後国北魚沼郡下条《しもじょう》村　関矢孫左衛門　外弐名

となっている。それは殖民社が以前から希望していた土地である。孫左衛門の代わりに三島億二郎が許可書を受け取った。のちにこの土地が孫左衛門の活躍の舞台となったのである。

四月二十四日、三島億二郎のもとに「笠原文平と関矢孫左衛門が二十三日に新潟から船に乗り込んだ」という電報が届いた。億二郎は周囲と小樽へ迎えに出る相談をしている。孫左衛門が野幌に着いた五月二日は、快晴のすがすがしい日であった。「朝ヨリ追々停車場江出迎フ」（『三島日記』）中に、孫左衛門は十一時、億二郎の倅徳蔵らとともにやってきた。

その日の午後、五月の乾燥の中で入植者の小屋が焼け、孫左衛門がおそらく建物用に用意しておいた木材まで焼けてしまう火災があった。その翌々日にも一軒焼け、さらに野火もあって殖民社の倉庫も危険になるなど大変であった。

年月は少しさかのぼるが、孫左衛門も億二郎も野幌に神社・寺・学校がどうしても必要だと考えていた。神社や寺は入植者の心の支えになるし、学校はもちろん子弟の将来のために欠かせない。

神社は明治二十三年に設置した。そこには天照《あまてらす》大神・大国主《おおくにぬし》大神・弥彦大神を祀ることにし、境内一町歩と畑四町三反を殖民社から寄付し、その小作料を将来まで神社運営の経費に当てることにした。

寺は瑞雲寺という寺である。三島億二郎が移民募集の時、古志郡の真宗大谷派了元寺で勧誘の話をした。その時その寺の副住職の小泉元瑞という坊さんが応募した。彼は本尊阿弥陀如来像を携えて普通移民と一緒にやってきた。寺は明治二十四年五月十一日に竣工している。入植者は移住する前はそれぞれ別々の宗派のもとにあったと思われるが、野幌ではまったく新しい生活に入ったのだからと、以前の宗派には拘りなく瑞雲寺の檀家になったという。

小学校も寺が建てられたことにより、とりあえず寺を校舎として開校した。課目は読み書き・算術・修身が中心で、先生は寺の住職小泉元瑞であった。当初児童は三十人いたという。学校は二十九年八月になって、神社の敷地内に新らしい校舎が建てられた。その時は入植者がみんな労力奉仕をした。そして九月、ようやく校長を迎えて念願の公立の小学校となった。

また農談会という、何でも話し合える集まりが持たれていた。開墾の進め方、作物栽培の技術、日常の生活のことなど何でも話し合った。殖民社は新しい農業技術を習得させたり、砕土機など機械を使うこと、肥料のこと、馬耕のことなどの研修のため、三人を札幌農学校の伝習科で学ばせた。その人たちが入植者への指導に当たった。

明治二十四年五月九日、野幌に事件が持ち上がった。野幌の入植者とは関係のないことだったが、とばっちりをうけて迷惑した。釧路まで移送中の囚人四十人を乗せた汽車が、野幌の林を通過する時徐行した。その機会に囚人の全員が集団脱走を図り、看守に襲いかかった。看守の剣や銃を奪い、車上から突き落とし、囚人十人が飛び降り逃亡を試みた。看守らはただちに発砲し、抜刀して追い、一人を銃殺し四人を斬殺した。しかし五人は林の中を逃走した。看守四人看守長二人で護送中であった。

このさわぎでその晩は、殖民社の事務所に巡査一人が泊まり、村中にかがり火をたかせて警戒に当たった。逃走した五人が何かしでかしはしないかという警戒であったのだろう。

翌十日には建てられたばかりの瑞雲寺に、殺された五人の脱走囚の遺体が埋葬された。

孫左衛門が帰ってきたので、留守を守り越冬した三島億二郎も引き揚げることになり、五月十七日には孫左衛門とともに北海道庁の永山長官を訪ねている。管理者交代の挨拶に訪問したものと思われる。十八日は億二郎を囲み別れの宴が設けられている。

そして十九日三島億二郎は、倅徳蔵らとともに荷拵えし、午後億二郎は野幌の駅で孫左衛門はじめ十数人に見送られ、北海道に別れを告げるべく野幌を旅立った。これが三島億二郎の、北海道との最後の別れであった。億二郎がこの六回目の北海道行きから、長岡へ帰り着いたのは五月三十一日である。その後はしかし、あまり体調がよくなかったらしく坂之上町の自宅で静養しながら静かな毎日を送っていたようである。

三島億二郎が亡くなったのはその翌年、北海道から帰って十カ月後の明治二十五年三月二十五日である。六十七歳であった。億二郎の訃報に接した野幌の入植者は、一同の名で「ワレライミンハチチヲウシナウゴ　トク……」と、悲しみの弔電を打ったそうである。まさに父の如く慕われた人であった。

関矢孫左衛門は三島億二郎とは十九も年齢が離れているので、志を同じくする間柄とはいえ、仲間というには年が開きすぎていた。二人はともによき理解者、よき協力者であった。孫左衛門にとって億二郎は、大先輩であり指導者であった、と言えるだろう。

さて関矢孫左衛門は、北越殖民社の社長として、北海道に渡らなければならなかったと同時に、衆議院議員として国会の開会中はもちろん、さまざまな用件で上京の必要に迫られたり、郷里に於ても大地主関矢家の当主として、財産管理に当たらなければならない立場にあり、非常に多忙な日々を送らねばならなかった。そしてやがて孫左衛門は、自分とは考え方を大きく異にする政治家の道から、次第に遠ざかっていったのである。

孫左衛門は改進党から立候補したのだが、いざ当選して政界に顔を出してみると、彼の予想とはあまりにもかけ離れた現実が、そこに横たわっていた。当時の政界は藩閥が横行し、利権渦巻く世界であった。未開の大地に理想郷建設をめざす孫左衛門の、情熱を傾注するには向かない異質な世界であり、彼の気概とは相容れないものであった。孫左衛門はがっかりした模様で、翌年には改進党を去っている。

孫左衛門の考え方と、改進党の方針が合わなかったことを示す、興味深い彼の記述がある。彼の日記「北征日乗」の、二十三年七月十三日付

北越殖民社の草創日記と明治22年7月の関矢孫左衛門の「北征日乗」の第一号

の記述（『野幌部落史』）で、難しい字句や表現が多いので、現代語に砕いて大意をみると、こんな内容である。

改進党のやり方は大隈伯爵を奉じて現内閣を倒し、自党がその地位を奪おうとしているのであって、天皇の大権を侵し憲法に違反し、天下国家の秩序を乱し、自由平等の党員と結合して破壊主義に出ている。そのため私は彼らとは意見を同じくしない。いやしくも官を罵るを以て智と為し、法律を不完全とすることを学識と為し、暴力を振うことを勇と為す。眼中に上は天皇なく下は兆民無しと為し、少壮の者を扇動して乱民を誘導している。そのために真実国を憂える者は退き、忠義の者は口を閉じ、実学者はこれを陰で憂えている。（中略）故に私は議員であることを快しとせず、尽くすべき時ではない。かつ議員であることを名誉とせず、徳望とせず、却って議員たることを恥じる。しかし（議員になって）わずか一年で、まだ天下の識者に会っていない。必ずそういう人物がいよう。その人に会い、ともに力を尽くすことを考えないわけではない。また反省してみれば国会は重大である。しかし殖民社は今日、野幌に二百四十人を入植させた。私は奮発してこの挙に及んだのである。今年十二月限りで（移住民の）扶持米支給を止める以上、移住民には独立する者もあり、できない者もあろう。農作物の出来具合もどんなであろうか。

三百里も離れた孤島に渡り、親戚知人に別れて墳墓の地を去り、一家を滅ぼしてここにきた者は、先輩を信じ生命財産を任せ後世の子孫のことを考えてのことである。もし万一信ずるべき人が去り、収穫がなく生計を保つことができず、人々の疑惑を生み、忍耐の気持ちが挫《くじ》けて離散するようなことになれば、我々は千余名の命を断ち、財産をなげうたせる罪人になる。何の面目を以て人に顔向けができようか。生きてはいられない。

このことは国家の大事に比べれば小事かもしれない。いや、どうしてこれが小事なものか。北海道移民開拓の事業に障害が出るのだ。故に私は断然国会を辞し、終身開拓事業に尽力し、野幌の移民と生命をともにする覚悟がなくてはならないのだ。これはまた国家に尽くすことの本分でもある。なにも天下に、また後世に恥じることがあろうか。

この一文は孫左衛門の考え方を示すとともに、北海道開拓に対する情熱を吐露したもので注目される。ここに「断然国会を辞し」という一句があり、孫左衛門の覚悟のほどが窺われる。こうして孫左衛門は議員在職わずか一年で辞職した。これについて北海道立図書館編さんの『北越殖民社関係資料目録』にある同社の年表によると、二十四年七月に「関矢孫左衛門衆議院議員辞職」とある。

孫左衛門はみずから言っているように、議員を続けていれば移民開拓の事業に支障が出ると思ったのだ。つまり代議士になっていることより開拓移民の方を重視したわけで、このあたりは後世の名声を喜ぶ売名的な政治家とは、本質的に違う気概を見せつけられた思いである。かつこの手記には、孫左衛門の覚悟と言おうか決意と言おうか、責任感の強さと意志の固さがよく表わされている。

衆議院議員を辞めた孫左衛門は、専ら野幌の村造りに専念する。前述したように八月十五日には、野幌に神社を建立する位置を選定した。九月には瑞雲寺に教育の場を開いた。村には神社もお寺もあるのが当たり前というわけである。神社の祭りは春秋二回とし、春は開村記念日の四月二十五日、秋は八月十五日とした（のち九月一日に改めた）。

厳しい生活に堪えて

開墾作業は重労働であった。木を伐り笹を刈り、根焼きをし、そこの土を打ち起こす。開墾には馬は使われず唐鍬による一鍬一鍬の手起こしであった。最初は木の根が多く馬耕はうまくいかなかったからである。馬耕が一般化したのは十年もたってからである。

作業の厳しさの中で入植者の出身地による差が現われた。魚沼出身者は樹林や藪《やぶ》には比較的馴れていたのでよかったが、蒲原平野の真っ只中から移ってきた者は、うっそうたる密林にすっかり辟易《へきえき》、少しでも木の少ない所から着手した。ところが木の少ない場所は地味のよくない所で、作物も出来が悪いということに気がつかなかった。

移住に応募できる者は農業の経験者に限られていたのだが、不景気の中だったので職人が農家だと偽って応募した者もいた。そんな人たちは立ちはだかる密林を前に、どこからどう手をつけたらいいのか、全く戸惑ってしまったらしい。

いろいろな人々が移住した。蒲原平野で水害に悩まされていた人や、魚沼の山間地の貧農の、切ないような思い出話（『のっぽろ日記』）がある。

「私はほんとはミズという名前をつけられる筈だったし、友達にコヤという名をつけられそうになった子がいた。どちらもオヤ様（地主）に叱られてやめたが。信濃川の大水の時生まれ、親たちがあんまり水にいじめられて、それを子供の名につけようとし、また友達は母親が避難した小屋の中で産気づいたからだった」

「生まれ故郷は上州に近い越後の山の中、明治の初め頃は養蚕ばかりでなく、機織りもしていた。私たちのところで織ったものは、つむぎだったが、秋になると亭主は家内に『暮れまでに何反織れるか』と聞く。つむぎで暮れの勘定をするからで、それで足りそうもないと、急いで上州や東京へ出稼ぎに行かなければならなかった」

みんなが同じように、厳しい環境から抜け出したいという願望を抱えての移住であったのである。

開墾地に密生しているのは、笹と言っても背丈を超える熊笹で、木を伐り笹を刈って、初めて太陽の光が差し込むという状況であった。倒した木はすべて焼き払った。先に入植していた広島の人がそれを見て、「木を焼き払ってはならない。後で困るよ」と忠告してくれたが、その時は焼き払わないわけにはいかなかった。笹の根がびっしり張り詰めている所を、唐鍬で打ち起こすのはとても手間取り、作物の種を蒔く時期を逸するおそれがあった。そこで根焼きしたあとへバラ蒔きしたり、そこだけ鍬で掘り播種するやり方をとった。蕎麦・粟・トウキビ・菜種など、このやり方で結構よくとれた。馬鈴薯やトウモロコシは穴を掘って植えるなどした。

当時の様子を描いた野幌開拓（五十嵐齢七氏作）

魚沼出身者を中心に、当初は焼き捨てていた木で、炭焼きが行われるようになったのは二、三年後であった。炭焼きは魚沼の山間部出身者に経験者がいたので、その人たちが技術的な面の指導に当たった。炭材になる木は豊富にあったし、寒い期間の長い北海道では木炭はよく売れたらしい。それは入植者にとって有難い現金収入の道となり、明治三十年頃まで、炭焼き時代と言われるほどさかんであったという。

養蚕も試みられたが、これはうまくいかなかったそうである。やはり気温の低さのためか、あるいは桑の確保が難しかったのかも知れない。

孫左衛門の記述にも見える笹小屋は、殖民社から貸与のものは六間・二間半で、入り口の横に小さな窓があった。土間なので笹を厚く敷きその上に筵《むしろ》を敷いても、じめじめして困った。入り口には戸がなく筵を下げておくだけであった。囲炉裏は地面を掘っただけ。そこに一日中、丸太が燻《いぶ》っていた。燃料になる木だけは、開墾当初はいくらでもあった。小屋の隅に台所があったが、そこには会社から与えられた桶が二つと、鍋が一つしかなかった。飯と汁用に鍋をもう一つ欲しいという声に対し、孫左衛門は「雑炊にすればいい」と提案した。そのほかには国元から持ってきた道具が多少ある程度だった。流し台は割木を並べたり、大木をくりぬいたりの手製だった。小屋は屋根だけでなく壁も笹でおおっていたので、すき間もあって夜は月や星が覗くこともあった。そんな具合だから寒さには参ったらしい。防寒対策として笹壁に土を塗ったり、屋根は黍《きび》がらで葺き直したりした。

何年かたって暮らしも落ち着いてから、庇《ひさし》を付けたり物置を付け足すようになった。熊が沢伝いに出てきて唐黍畑が荒らされたこともあった。出かける時、熊よけにと石油缶をガラガラと引きずって歩いたりもした。

現地に着いたばかりの頃は水の確保に苦労したという。沢の近くの者はよかったが、雨水や近くの溜り水を利用した者もいた。会社は井戸を掘ることを奨め、井戸を掘り木箱を伏せ込んだものには二円の補助を出した。風呂は数戸に一個ずつ野天風呂が支給された。開墾に汗を流したあとの風呂が、何よりの楽しみであったという。しかし共同風呂は何かと不便なので各戸が欲しがり、中が空ろの大木を見つけた時など、それをうまく利用し底にトタンを張るなどし、風呂として用いた。

服装は山着物に股引き、冬は綿入れの半袖のものを着ていた。女性は筒袖の普段着の尻を端折るか、短い着物の下に腰巻を下げ、脚絆をはき手甲をする程度だった。蓑笠やわらじなどは江別や野幌の町に売っていたので、最初はそれらを買っていたそうだが、やがて冬仕事に古俵をほどいたり、田んぼを作っている村へ藁を買いに行き、自分たちで藁細工を作った。年月がたつとともに北海道らしい暮らしぶりも普及してきたが、衣類ではよく古着屋を利用した。特に防寒着は北海道的にならざるを得なかったわけである。

越後風の茅葺き屋根の家。ハザが見え（上）土壁に茅を当ててある（下）。（孫左衛門の末子、五十嵐齢七氏の写真集『野幌』より）

入植当時の二十カ月間は食料が支給されていたので、麦まじりや一時は南京米《ナンキン》のこともあったが、とにかく米の飯が食べられた。しかし自給時代に入ると米は貴重品になり、雑穀が主食になった。開墾地は馬鈴薯がよくできたし味もよかったのでほとんど主食であった。黍・粟・トウモロコシ・蕎麦などもよくできた。茸や春の山菜も豊富にあったが、それらに手間をかけている暇はなく、開墾に精出さねばならなかった。ある主婦が昼間、竹の子の皮をむいている時、たまたま巡回にきた孫左衛門に見つかり、それは怠惰であると注意されたという。明治二十四年の農談会の記録に農務局試験、米国原産ゴールデンメロン、裸麦、米国原産ケープ種大麦、試作人誰某等の字句が見える（『のっぽろ日記』）。

入植者は現地に立って一、二年の間は全く現金収入の道がなかった。会社の手当で暮らしてきたわけだが、炭焼きが行われるようになってから、少しずつでも炭や薪が換金されるようになり、自ずと暮らしぶりも変わってきた。それまでにも、いつになれば明るい見通しがつくのかという、不安や動揺は続いていた。そこへわずかながらも現金が手に入るようになったことから、酒・バクチという投げやりの傾向が目に見えてきた。やがて借金してもというようになり、果てはいたたまれず夜逃げという結末を迎える者が、後を絶たなくなった。大風呂敷一枚に家財をひっくるんで、背負って逃げられる程度の暮らしであったので、案外簡単に気軽に逃げ出した者がいたらしい。

そんな風潮の広がりに、孫左衛門は二、三の指導的立場の人たちとともに、村の者を集めて訓話したり、巡視して指導するなどした。入植した人たちの自治意識の高揚を促したり、開拓をやめて別の道に進もうとする者には、代わりの者を見つけるよう指導するなどした。それらはいずれも入植者の流出を防ぐための努力であったが、開墾作業が計画どおり捗らないことに嫌気がさし、投げ出そうとする者が後を絶たなかった。しかし炭焼き等によって現金を追い、酒やバクチにうつつを抜かしたあげく、開拓が遅延している者には、孫左衛門は厳しく抗議し忠告した。そのような人たちの提出した、証人つきの詫び状が実情を物語っている。それには「自分の不心得とは申しながら、ここで放逐されては先祖の家を失い、妻子を養育してゆく渡世の道がなく、本国の親に対して面目次第もないので、どうかこの度に限り特別の御詮議をもって、一年間猶予のお許しを願いあげます。その上は家内一同必死に励み御社の万分の一のご恩に報います」という趣旨が述べられている。

孫左衛門は手記に「農作業に励まなければならないのに、炭焼きや薪取りをする者が多く、それを汽車で小樽などへ送り利益を得るに従い、酒を飲み魚を食い、バクチをする者がいる。そのためお互い商人に借金して開墾をしないので、食べて行けず、遂に夜逃げ同様他地方に退転する者がいる。よその土地がいいと聞き、転居する者もある。土工や日雇が金が取れるからと行く者もある」と憂えている。賭博が白昼公然と行われることもあった。白炭一俵と酒一升がともに十二銭のことがあったが、白炭一俵を背負い出し、酒一升に替えて飲む。炭焼きは原則として、開墾のできない冬の仕事とされていたが、夏も炭を焼いて、現金にしたいために、開墾の鍬を握らない者が出たわけである。あげくの果ては借金に動きがとれず、喧嘩口論にもなり、刃物沙汰に発展してしまうこともあった。

現金の動きが出てきたのを受けて商人が進出してきたが、その代表的なものが酒屋と古着屋であったという。殖民社はそんな商人を歓迎はしなかったが、一つのすう勢というものか、いつのまにか店ができ、利用者も増えていった。

とかく発生しがちなのが病気である。ここでもオコリといわれたマラリヤが相当まんえんし、殖民社はキニーネを用意しておいた。ほかに天然痘や感冒も入植二、三年の間は特に流行した。火災もあった。開墾の現場では木や笹を焼くために常に火があり、小屋にも囲炉裏には火が絶えなかった。しかも小屋は笹小屋で燃えやすく、いったん火が出てもあたりに水はない。土を掘って振り掛けたり叩きつけるくらいしか消火対策がなかった。

森と水を守る

孫左衛門らが開拓したのは野幌丘陵の東部であるが、西側にはうっそうたる野幌の森が広がっている。この森のおかげで冬の厳しい寒風を防ぎ、農作物の命の水も確保されてきた。それは御料林（皇室の所有林）でそこの水は開拓地にとってまさに命の水であった。

明治二十五年、その林が官林（国の所有林）なるということが伝えられてきた。これは大変だと孫左衛門は、すぐ北海道開拓庁長官岩村通俊あてに意見書を提出した。

官林にされれば、さまざまな口実のもとに分割され、払い下げられてしまうのは目に見えている。森を失うことは水を失うことであり、風の吹き荒れるに任せることになり、開拓地は必ず荒れる。水を涵養し暴風を防いでくれるこの野幌御料林は、帝室財産として永久に保存するようにしてほしいと訴えたのである。しかしこの孫左衛門の訴えも効なく、二十七年には官林に編入されることになった。

官林にされてから五年後、果たして孫左衛門の不安が的中した。野幌の森は札幌区に一千町歩、白石村に二三〇町歩、広島村にも二三〇町歩、江別に四六〇町歩分割され委譲されることになった。そうなると近い将来必ず森は伐採される。それはその森に大きく頼っている野幌村や広島村にとって、死活問題であった。当時二十五個もの溜池も造られていた。稲は二十四年から試作されていて、その水は水田をはじめ、貴重な命の水であった。

孫左衛門は決死の心構えで立ち上がり明治三十二年三月三十日、森の分割委譲反対運動をはじめた。四月一日、孫左衛門はまず北海道庁の大塚事務官に面会を求めた。しかし必死に森の重要性を力説する孫左衛門に、事務官は「樹林として払い下げるのだから、水源が枯れる心配はない」と取り合ってくれない。孫左衛門は引き下がらなかった。さらにその翌日、札幌支庁長や道庁の係官に陳情を繰り返した。「我々は今新しい村をつくったところです。百年後二百年後のためにも、最良の策を考えるべきでありましょう」というのが孫左衛門の主張であった。

孫左衛門は江別・広島などの開拓農民五十名を糾合、道庁の園田安賢《やすかた》長官への直接請願を申し合わせた。これはこの時代としては相当勇気のいることで、いわば必死の直訴である。ところが園田長官は孫左衛門らの面会要請を拒否、直訴される機会をさけて逃げるように東京へ向かって出発した。

ここで挫けてはならないと、孫左衛門は五十名の中から町村や集落の代表四人を選んで函館まで長官を追いかけさせた。殖民社の松川永太郎、佐藤乙蔵、小黒賀茂次郎、それに広島の和田郁次郎の四人である。孫左衛門自身がこの長官追跡劇に加わらなかったのは、おそらく孫左衛門の体調を心配した周囲の配慮であった。そして四人はとうとう直訴の場を掴み取った。

四月八日、園田長官が函館の旅宿で食事を終えて、いざ出発しようというところへ四人が乗り込んで、切々と訴えた。「こんな所まで追いかけてくるとは！」と、長官は怒ったそうである。しかし札幌からずっと追いかけながら、直訴するチャンスをねらってきたのだという事情を聞き、そこで必死に訴える開拓者の声に圧倒されたかの如く、園田長官は「己が悪かった。やらぬやらぬ。いままで通りに捨て置く」と前言を撤回したのである。

野幌の原生林は際どいところで守りぬかれた。

こうして野幌の森は水源涵養林として大切にされ、明治四十四年三三二町歩が天然保存区とされた。大正十年にはほぼそのまま天然記念物に指定され、昭和四十三年北海道開拓百年を記念して道立自然公園に指定された。

この反対運動より先、明治三十一年五月十五日、孫左衛門は郷里越後の北魚沼郡湯之谷村（当時）の、栃尾又温泉自在館から、ブナの種をどっさりもらって行った。ブナ林を育てるねらいからである。ブナは一千本が目標であったらしいが、達成できたか否かは確認できない。そのブナの木は平成に入ってからも八〇本残っていたという。孫左衛門はほかにも各種の木をずいぶん植えているそうである。

殖民社は創立以来形式的な株式組織にされてきたが、明治二十六年十二月それをやめて組合事業の形をとり「有限責任北越殖民社」と称した。社長はやはり関矢孫左衛門であった。二十七年には必要な用地の貸下げを願い出ていたのが認可されたので、貯水池を造り水田作りが奨励された。この年九月十五日、孫左衛門は郷里並柳の関矢家の戸主を、長男橘太郎に譲っている。

二十八年五月、江別太の越後村にも弥彦神社の分霊を祀って神社を創建、十月には境内に開村十周年記念碑が建てられ、記念祭が行われた。

難しいことはまだまだたくさんあった。明治二十九年から三十一年までの三年間に、新潟県以外の人も含めて、新たに入ってきた者が一〇五戸であったのに対し、退転者が四九戸と半分近くをしめた。その多くは代替え者のいない、夜逃げ的な退転であったらしい。その代表的な人たちが阿波の徳島県人であったとか。

徳島県の人たちは越後人より二、三年早く入っており、一反歩三円の開墾料で暮らしていた。越後から殖民社の募集で入植者が入る前の明治二十一年末に、阿波の坂東某と大橋一蔵の間に「阿波の人が百戸まで永住しても宜しい」という契約ができていた。越後での募集成績が思わしくなかったことで、焦り気味の大橋がとった措置であった。

ところが大橋一蔵は奇禍により急死、あとを引き継いだ関矢孫左衛門はそのことは全く知らされていなかった。にも拘らず同二十三年三月、百戸あまりの応募者の渡航費が請求されてきた。孫左衛門は当時の事情を知る者を通して断わり、その件は一応解決したが、それらも下地になって阿波の人たちとは、しっくりいかなかった。阿波の人たちは、我々は越後人より待遇が悪いと不平を持っていた。それは契約のあり方による差であったが、結局彼らの間から逃亡者が続出し、同三十年頃までにはほとんどいなくなったという。

いろり端。ツグラに赤ん坊。魚沼の冬そのまま
(写真集『野幌』より)

しかしそこに根を下ろし骨を埋める覚悟の人々は、まじめに堅実に働いた。野菜を篭に入れて背負いながらの、行商が三十年代からさかんになり、手近な現金収入の道として女性の稼ぎになった。その篭背負いもやがてリヤカーに変わっていった。最初の「笹小屋」も三十年代には次第に改築・増築された。庇を付け足したり板倉を建てたりである。北海道では特に馬が大事にされたが、馬を飼うためには厩を別棟に建てなければならない。越後では本屋と厩を一つの棟の中に一緒にすることが普通であったの

で、家屋の改築の時そのやり方をとった者もいたが、それは次第になくなっていったそうである。

しかし三十年代にはまだ居間や座敷に畳を敷いている者は稀で、莚の上に薄べりを敷くのは上等の方であった。ストーブが最初に使われたのは、明治二十四年孫左衛門が国会に出席するため留守になるので、代わりに勤めた三島億二郎が越冬した時で、高齢であった億二郎のために、事務所と居間に用いたのが初めてであった。一般の農家に用いられるようになったのは大正に入ってからである。移住者たちの三島億二郎への尊敬の念は厚く、三十一年四月には野幌神社境内に「三島億二郎記念碑」が建てられている。

入植者の村に電灯が導入されたのは大正十三年である。しかしすべての家ではなかったし、その後昭和五年頃の大不況の頃は、電気料節約のためいったん引いた電灯を断り、ランプに逆戻りした者さえ現れたという。

食べ物は、前にも触れたように雑穀や馬鈴薯が主食で、米を食べる割合は少なかった。よく実り乾燥したトウモロコシを石うすでひき割り、あらいところに米を混ぜて飯として炊く。米は三割くらいしか入っていなかった。麦飯も大半は麦であった。しかも馬鈴薯はあらゆる調理によってよく食べた。そのほか例えば蕎麦粉、麦香煎《こうせん》などもさかんに用いられた。四、五人の家族で、一年間に米を二、三俵しか買わなかった家はざらにあったというから、その暮らしぶりも見当がつこうというものである。

殖民社の社長として村の頂点に立っていた孫左衛門も、移住してからは晩年中風で倒れるまで、ずっと麦飯で通したという。たまに遠来の客があると、あえてトウモロコシ飯を供し、開拓地の農村の味を味わってもらったそうである。

米を買うにしても外米の場合がよくあり、南京《ナンキン》米やラングン米に対し、内地の米を「日本米」と呼んでいた。しかし米を食べたいという要望は当初から強く、次第に水田も作ら

上から麦刈り・麦の結束・麦のニオ積み
(写真集『野幌』より)

れるようになって米食の割合が高まり、やがて米七対雑穀三と、混入する割合が逆転し、米食が主流となった。

衣類もまことに粗末であった。寒さへの対応は内地の比ではなく、みんながそれなりの工夫をこらしながら寒さをしのいだ。日清戦争（明治二十七、八年）後、赤毛布《アカゲット》・軍服・外套などが払い下げられ、どっと店頭に並んだ。それらを巧みに利用し仕事着や外出用にした。越後では赤ん坊はツグラの中にいれて母親が野良へ出ることがよくあったが、野幌でもそれと同じ育て方が行われた。ただし越後では稲わらで作ったツグラを、野幌ではトウモロコシの皮で作った。

日常の言葉は当初は越後弁そのままであった。村中が越後人なのだから誰にも遠慮はいらない。しかしそれも蒲原と古志や魚沼では微妙に違ったが、通じ合わない心配はなかった。他県とくに東北の人たちもいたので、年月とともにその人たちの言葉と混同し、同化してきたそうである。いわゆる標準語も少しずつ普及した。

大洪水に襲われる

明治三十一年は七月二十一日に江別太・野幌・晩生内《おそきない》の三農場が水害をうけ、二〇〇町歩の田畑が五日間冠水したが、それをはるかに上回る大洪水が九月、野幌の開拓村に襲いかかった。この水害の時、孫左衛門は越後に帰っていて、現地からの電報で急いで渡道した。孫左衛門があとで聞き書きした記録（九月二十一日付け）によると、水害は大略こんなようすであった。

九月六日の午後一時頃から大雨になり、九日には越後村や江別の町は洪水に見舞われ、四尺の浸水となった。八日朝は着の身着のままで避難する者や、浸水の家の中で助けを求める者などがおり、丸木舟で救助活動が行われた。避難所は瑞雲寺、野幌小学校などで炊き出しも行われた。

殖民社では社長が不在だったので、主な人たちが相談して一日米三合代五銭と塩代五厘を、被害者二五〇人に一週間支給することを決めた。その直前の頃殖民社の村には三二〇戸・一五五〇人いたというが、浸水家屋は一四四戸、被災者は五六六人、潰れた家五戸、流失一戸、被害を受けた農地三六七町歩であった。二十日間も水がひかなかったため被害は大きくなり、比較的被害の軽かった者も加えると被災者は野幌の村の半分にも及んだ。

この災害には被害に遭わなかった人や比較的軽かった人が、炊き出しをはじめ収穫物を持って見舞いにくるなど、精一杯の助け合いが行われた。孫左衛門は殖民社の社長として、それらに尽力した者に感謝状を渡し、その精神と行動を称えた。北海道庁からは翌年六月までの扶持米や、種子料の貸与など救援の手が差し伸べられた。しかしこの水害で、川辺りにいた人たちには、退転を考える者が多く出た。とても堪えられなかったのだろう。

この災害は北海道全土では二五〇名もの死者を出し、三五〇〇戸もの家屋が流失するという大被害をもたらした。

十月二日には明治天皇の名代という形で、片岡侍従が水害地を視察し野幌にも訪れた。

このあと札幌で開かれた、罹災民の救済策や治水対策の会議は、農民の政治運動の萌芽につながり、それが北海道同志倶楽部・憲政党札幌支部へと発展した。その同志倶楽部の発起人が関矢孫左衛門であった。ほかに数人の殖民社社員らもいたが、孫左衛門が中核をなしたことは論を待たない。

この年十二月、孫左衛門の庵「道庵」ができている。その頃孫左衛門は鎌倉に避寒し、翌年二月七日には越後へ帰っている。細かくは分からないが長岡その他で所用をこなした後であろう、並柳に一カ月ばかりいて野幌には三月十四日に帰っている。

水害からの復興に全力を傾けた殖民社とともに、必死の努力によって立ち直りを見せた罹災者であったが、救済事業がひとまず終わると、思いがけない事件がもちあがった。それは結果的には未遂に終わりはしたものの、村からの集団撤退が企てられ、実行に移されようとした事件である。その事件のことは、孫左衛門の北海道庁長官にあてた「移住小作者退転の義ニ付至急上申」という上申文書から分かるもので、それは明治三十二年十月二十三日付けになっている。やはり意訳によってその内容を見てみよう。

北越殖民社の移住民某ほか二十六名

右の者は本社の移住民で明治二十三年来越後の国より募集した者です。最初の二、三年から当地で移住を申し込んだ者もおります。

本社の移住小作者は渡航費・居小屋・農具・家具・種物のほか二十カ月間米味噌を扶持し、その費用一戸およそ三百円以下百五十円以上を貸与し、五町歩開墾の上、二町五反歩の所有権を与える約束であります。

その後明治二十四年以後、ほかより移住を申し込んだ者には、三町三反歩の土地を渡し、開墾料一反歩二円五十銭ずつを渡し、小屋掛け料五円を給し、その土地の半分一町六反五畝歩の、所有権を与える約束でございます。そして貸与金の半額は免除、残り半額を四カ年据置き十カ年年賦、無利子で返納すべしと致しております。

その返納をすべきところ、まだ返納せず、そのほか分不相応な借金をし、右返済の義務を果たしておりません。それなのに昨年の洪水の被害を受けたことを口実とし、多人数が申し合わせて、本社には何の申し出もなく他人の教唆に迷い、密かに逃亡同様、御庁に団体移住として胆振国倶知安《くっちゃん》原野、上川郡フラヌ原野等に退転する、ということが聞こえて参りました。

このように多人数がほかに貸付け地を得て転住しては、本社の移住小作人およそ五百戸も、追い追い離散するようになるかも知れず、そうなっては十四年間辛苦して経営にあたり、もう成功に近い土地を再び荒蕪に付すようなことになります。それは心外至極の嘆かわしいことでございます。しかし本社の居住民の取り扱いに不都合があって、一同が離散するものであれば、強いて抑留し人権を圧制したのでは深く恐縮のことですので、これまでの取扱い上のことについては、篤とお聞きただし下さい。

彼らの今日の行為について、土地貸付けを願ったことに関し左に申し上げます。

一、前記の者には資材を起こし一万五千坪の土地を自力で開き得る者はおりません。

一、本社から引き受けた土地の開墾料を受け取り、鍬下年季三カ年を経過し、小作料を収める時期になっても給与返済等の義務を果たさず、その土地を荒らして立ち退こうとする者です。

一、本社への小作料が滞り、ほかの商人より借金をし、その償却に困ってよそへのがれようとする者です。
一、本社の土地は開墾料を受け取り済みなので、ほかの現金入手の手段に窮し、他の農場へ行って小屋かけ料や、米味噌の仕送りをもらって生活しようという心得の者で、自ら田畑を耕作し、その収穫で稼ごうとしない者です。このような者はほかの農場へ行っても二、三年で小作料を払う時期になれば、またほかに転居する者です。
一、ほかに教唆する者があり、現住地の水害を訴え、ほかによい土地があることを説いてその願書料若干を受け取り、指示が届いた日に金五円以上の手数料を受け取る約束で、委任状を取る者があります。転住希望者はそれに迷った者です。
一、ほかにも策士がおり、彼らは前条の者を説諭して団体移住と称し、土地を望む者には土地をやる、望まないものには地代を金でやる、資力のない者には資金を与え米味噌を提供して土地も幾分か与える等、いろいろの手段で農民を説き、貸し付け地を入手すると口約束を消滅させ、その大面積の土地を自ら私有し、あるいはそれを売却して巨利を謀《はか》る者です。転住希望者はその策士の教唆にひっかかった者です。
以上の実情を御洞察の上、貸付け地の御許可をしばらくお差し止めになり、事情をお取り調べの上、何分の御処置をいただき、本社の開墾地を荒れ地にしないよう、かつ蒙昧《もうまい》なる農民を北海の野に、方向を失わせることのないよう、御配慮下さいますよう深く願いあげます。

この上申書が効を奏したのであろう、幸いこの事件は未然に防ぎ得た。しかし度々の水害がその被災者を去らしめたことは確かで、明治四十二年の調べで二三四戸に減少した。

孫左衛門はバクチにのめり込んだような人々を「定約書」に違反するとして処断する一方で、ふるさととの習慣に基づいた申し合わせを作り、冠婚葬祭には殖民社あげて参加するようにし、病人の出た家には助け合いの手を差し伸べるなど、相互扶助と団結を促した。越後一の宮といわれる弥彦神社から分祀した「野幌神社」の建立も、入植者の心のきずなを強める上に役立った。この神社には後に神主がいるようになったが、明治二十五年までは孫左衛門自身が神主役を勤めていた。

新潟大学人文学部の古厩忠夫教授は、平成十二年十月二十三日付け『新潟日報』の「にいがた歴史物語」に「開拓で一番難しかったのは開拓技術などではなく、人々の心を一つにすることだったようです。関矢はこの点で非常に優れた指導者でした」と書いている。確かに孫左衛門は入植者の心を結び合わせることに成功した。

同じ越後人とは言っても、古志・三島・魚沼・蒲原は生活習慣が少しずつ違っていたから、冠婚葬祭の仕来たりなどがなかなか一致せず、やりにくい点があった。それはお互いに長い間の習慣が身に染み込んでいたから、そう簡単には改めることができなかったのは無理からぬことであったと思う。例えば盆踊りなどそれぞれ異なるので、みんなが揃って踊ることができなかった。そのためいつのまにか、共通している津軽音頭だけを踊るようになったそうである。このような中でお互いに助け合い協力しあう、新しい村づくりが進められていった。

銅像建立を許さず

北越殖民社が発展したのは、関矢孫左衛門の手にゆだねられてからが目覚ましい。前述のように事業への賛同者は十三名、資金は五万円でスタートした。その成功の陰に見逃してはならないこととして、当時は国立であった第六十九銀行のバックアップがあげられよう。北越殖民社の構成員と、第六十九銀行の役員または客員は大方重複していた。同銀行の初代頭取が関矢孫左衛門であったことは前述したとおりである。大橋一蔵の急死とともに殖民社が解散の危機に立ち至った時、孫左衛門はじめ三島億二郎、岸宇吉、笠原文平らが協力しあって、危機を乗り切ったわけであるが、それは取りも直さず第六十九銀行が乗り出したことにほかならなかった。

水害など天災に苦しめられ、入植者の退転もあるなど浮沈曲折はあったものの、明治三十年代には、まずは軌道に乗ってきた。そして三十二年商法の施行に伴い、北越殖民社は合資会社として新たな歩みをたどることになった。その定款の第一条に、

本會社ハ新潟県ヲ主トシ諸府県ノ農民ヲ北海道ニ移シ土地ノ開墾植樹ヲ為シ農林ノ業ヲ営ムヲ以テ目的トス

とある。十三名の社員のうち無限責任社員は、関矢孫左衛門と笠原文平の二人で、出資額はともに一万円であった。ほかの十一人は、岸宇吉の六千六百円のほか、四千円、三千円、二千円などである。この会社の性格について『野幌部落史』の著者関矢マリ子氏は、「私立会社以上の理想を、終始一貫持してゐた。この事は土地投資に利潤対象を求め、不在地主や悪質仲買人の跳梁に、開拓史の一端を汚された本道農場史に、一条の光を与えたものと自負して差支えない」

と述べている。

明治三十三年北海道庁から貸与されていた大部分の、千三百余町歩が北越殖民社に無償譲渡された。これは有難いことであった。会社は各戸に二町五反ずつ払い下げて個人の所有地とし、残った分を社有地とした。自作の農地が増えることは農家の励みになり、生活も次第に安定していった。孫左衛門はこの年江別ほか二カ村の農会長になっている。

また三十四年八月六日には、富士山に登っている。開拓地の経営と発展に心血を注いできた孫左衛門にしては「おや?」と思わせることだが、移住者を引き連れ野幌原野に立って十年あまり、ようやく幾分の余裕と落ち着きを得たしるし、とも受け止められよう。

三十五年からは農産物品評会が開かれるようになった。三十九年には村の合併により新たに江別村ができたが、孫左衛門はそこの村会議員に当選している。

孫左衛門の肖像画　大正元年68歳の時

四十年五月二十五日、合資会社北越殖民社の総会が長岡市の岸宇吉方で開かれ、合資会社から株式会社に組織替えすることになった。孫左衛門と岸宇吉がその手続きを任され、八月二十五日再び長岡市で創立総会を開き、孫左衛門が社長になり、専務には孫左衛門の次男山口多門次が当たることになった。

四十二年七月、孫左衛門は体調が優れず、登別温泉に湯治に行っている。そこで七月二十三日から八月十二日まで過ごしている。

四十三年から四十五年にかけては、孫左衛門にとって悲しいことの重なった期間であった。旧長岡藩士で札幌農学校長を勤め、殖民社に協力してくれた森源三が四十三年六月一日に亡くなり、会社の監査役岸宇吉も十月九日に、またともに開拓地発展に努めた笠原文平も十一月一日に、相次いで亡くなった。そして孫左衛門自身も四十四年十二月十五日、中風に倒れてしまった。六十七歳であった。その後落ち着きはしたものの、以来体が不自由になった。そうした事情もあって孫左衛門は翌年三月、郷里の廣瀬村

北越殖民社の社名入りの
小田原提灯

並柳から長男橋太郎を呼び、北海道関係の自分の財産のことについて話し合っている。ところが、それからわずか一カ月後の四月十日、橋太郎は新潟市で急逝した（後述）。五十歳の若さであり、しかも時の立憲国民党に属した現職の衆議院議員であった。孫左衛門の悲嘆のいかに大きかったかが思いやられる。

長男の死から一週間後、孫左衛門は江別村の村会議員の辞職願いを出している。そして五月二十八日診療を受けるため上京し、その足で越後に回り、秋まで郷里にいたらしい。その翌年（大正二年）にも四月二十六日の留魂碑（後述）竣工式のあと、五月一日には息子山口多門次とともに郷里へ向かい、九月二十日過ぎまで滞在して、北海道には二十二日に帰っている。この年は北海道では風水害・冷害で大凶作であった。

明治三十年代に「若連中」という若者の集まりがあったが、あまりいい方向を向いていなかった。それに対し風俗を改善しようと四十年代に入ってから、孫左衛門の次男の山口多門次らによって青年団が提唱された。そのことから孫左衛門は小学校長、同教員、青年たちの有志を自宅に招いて、青年団の組織について相談した。四十三年四月十日のことである。孫左衛門はこう書いている（原文意訳）。

野幌の殖民社はすでに二十余年の間、土地を開墾して移住民は輻輳し、土地千五百町歩住民二百九十戸という成功を収めている。そこで将来に向け風俗習慣を作ることが今日の急務である。幸い村には納税義務を怠る者もなく風儀も温良で純朴なので喜ばしい。これを捨て置いては悪風が増長するおそれがある。二世を継ぐ者は青年団であり、青年が悪習を作っては救えないことになる。（中略）青年団は小学校卒業生で組織するのだから、因縁は小学校教員にもある。そこで今日教員と重立った青年を招いて相談するのだ。

この日はみんなで昼食をともにしながら話し合った。結局この時の孫左衛門の呼び掛けで「野幌青年会」が組織され、初代会長には次男の山口多門次が就任した。青年会は青年文庫を設けて夜学を開き、農業講習会を開催するなどの活動をしている。

またこの年十二月「社団法人報徳会設立願」というのが、孫左衛門の手で内務省に提出された。孫左衛門は若い頃から二宮尊徳を崇敬しており、尊徳の創始による報徳仕法を尊重していた。至誠・勤労はもとより、自分の能力を知りそれに応じて生活の限度を定めるという分度、人を推しあげ自ら譲る推譲の精神を尊んだ。関連して各地にある報徳会にも注目していた。そしてたまたま、よそ者の手に渡りそうになった、野幌の共有地三十町歩が確保できたことから、それを基本的な財産として報徳会をつくったのである。

明治四十四年四月一日、内務大臣の許可を披露しながら設立総会を開き、孫左衛門が会長理事に就任している。実際は共有地の確保と維持のための、方便として会がつくられたようなもので、報徳精神も便宜上その名前とともに、上乗せされたようなものであったらしい。とは言えそれが孫左衛門の意向にぴったり合い、社団法人としてきちんとした定款に基づき、たくさんの事業を計画している。

孫左衛門は前記のように小高い丘の上に一庵を編み、自ら「道庵」または「北海道人」と号し、晩年はそこで静かに詩作にふけるのを楽しみにしていた。そこに髯・爪・印章・茶器などを埋め、その上に碑が建てられ孫左衛門自身の筆になる「留魂」の文字が刻まれた。それは大正二年四月に竣工したが、晩年の孫左衛門はその庭園をよく散策していた。

孫左衛門の功を称えその徳を慕うべく、銅像または胸像を建立しようという話が、彼の生前からあった。ところが孫左衛門は「この先、世の中がどう変わってゆくかわからない。関矢家がいつまで今のように栄えているかもわからない。将来もし衰えた時、銅像などがあっては子孫に申し訳がないから」と、どうしても建立を許さなかったそうである。

平成十八年三月江別市総務部発行の『えべつの歴史』第八号に、栄田祐子氏が「屯田兵ジャガイモ考」という一文を書いている。その中に殖民社のことについても触れている。屯田兵が北海道開拓に活躍したことはいうまでもないが、その村はあくまで軍律による厳しい統制下に置かれていた。それに対する北越殖民社について栄田氏は、「(屯田兵との)違いといえば殖民社には、移住民たちがおおっぴらに話し合いを行う場が持たれていたことである。農談会といい、洋式農具の使用方法や新しい農業技術の紹介などとともに、雑穀の食べ方に関する情報交換もなされていた。(中略)それは屯田とは違った形で統制された移民の集団であった。志ある指導者たちに率いられた同郷の人々の結びつきがあり、会社組織として入念に策が練られた。(中略)鬱蒼たる密林を伐り拓き、畑を起こしていく困難は他の移民たちと変わりない。それでも殖民社という後ろ盾と同郷の人々との連帯が、開墾の支えとなっていたといえるだろう」

と述べている。

孫左衛門は、生涯に四人の妻とかかわった人である。最初に関矢家へ入婿した時の妻要《よう》が亡くなり、その後の妻も相次いで亡くなった。ほかに北海道の妻がいた。その人は旧守門村大谷地から北海道へ移民として渡った人の娘で、内縁関係にあった。その娘と孫左衛門の間に六人の子供が生まれているが、二人には関矢姓を名乗らせ、四人には母親の姓の五十嵐を名乗らせている。

その一人キク子さんという人が、郷里並柳に嫁いできた。彼女が嫁いでくる時、母親の五十嵐キヨさんから「孫左衛門の娘だと言ってはならないよ」と、言い含められてきたそうである。というのは、いわゆる庶子であることをはばかったからであろうが、村ではそのようなことには、深い関心は持たれなかったようである。その人が孫左衛門の庶子であることは、すでに知れ渡っていたそうだから。

孫左衛門は、郷里の並柳で亡くなった三人の妻への思いやりが深く、隣集落の和田の専明寺に三人のお墓を並べて建てた。しかも読経がよく聞こえるようにと、寺のすぐそばに三基並べた。結果的に孫左衛門は四人の妻を持った。したがって子供は多く、夭折した人も含めて計十八人いた。

正妻以外の女性に子供を生ませることへの、社会的抵抗や批判的な見方は、大正期から昭和に入って強まったもののようで、江戸時代ほどではなかったにしても、明治期にはそれを容認する感覚がまだかなり強かったようである。特に資産も多く社会的地位も高い男性に対しては、周辺がそれを容認し、かつ時には推奨さえする傾向があった。孫左衛門の場合がまさにそれで、子孫を多く残すことは一族発展の基本であるという、江戸時代以来の考え方がその根底に流れていた。

孫左衛門は仏心の篤かった人で、並柳に嫁いだキク子さんが「困った時にはどうしたらいいですか」と尋ねた時「困ったことがあったら、南無阿弥陀仏と唱えなさい」と教えたそうである。その娘から見た父親は、毎晩仕事を終えて晩酌をくみながら、一生懸命書き物をしている人であった。確かに孫左衛門は「北征日乗」をはじめ日記等をたくさん書き残している。相当筆まめな人であった。

北海道の六人の子供のうち、長男留作氏の夫人が『野幌部落史』の著者関矢マリ子氏である。マリ子氏の母親は孫左衛門の生家、刈羽郡高田村新道（現柏崎市）の飯塚家の長兄の娘であった。つまりマリ子氏は孫左衛門の姪の娘にあたる。

孫左衛門が野幌の自宅で亡くなったのは、大正六年六月二十一日である。七十四歳であった。遺骸は現地で仮葬により茶毘《だび》に付され、遺骨は六月三十日野幌を発って郷里へ帰ってきた。当時郷里の廣瀬村は孫左衛門の遺徳を称え、七月五日村葬をもってその霊を弔した。これはまさに異例のことであった。

孫左衛門は北越殖民社発足の明治十九年から起算して、亡くなる大正六年まで三十一年間同社と関わったうち、自ら社長として経営に当たった期間が二十八年間に及んだ。孫左衛門の業績について郷里廣瀬村（現魚沼市）の『廣瀬村誌』はこう述べている。

野幌・江別太《えべつぶと》・晩生内《おそきない》の地をひらくこと二千四百三十余町歩、民を移すこと三百九十二戸、道路を開き溝渠《こうきょ》を通じ、学舎を興し社寺を建て、以て無人の境に一村落を創設し、鋭意風紀を正し、人倫《じんりん》を厚うし、居民その堵《と》に安んじて淳良風を成し、村治上の設備漸く整ひ、本道有数の農村となれり。

北越殖民社の社長就任以来、北海道にいることが多かった孫左衛門を、郷里の村をはじめ魚沼では「北海道旦那様」と呼んでいた。孫左衛門は明治二十三年から大正六年に亡くなるまで二十七年間も北海道にいたわけだが、その間郷里には家・家族・財産を持っていたわけで、大地主として大勢の小作人を抱えていた。それらの管理等はどうしていたか。

実はそれは孫左衛門が北海道に渡る時はっきり方針を固めて行った。即ち息子橘太郎に一切を任せて渡道したのである。孫左衛門が志士として戊辰戦争に参戦した時は、息子橘太郎はまだ五歳であったが、その時も「息子に後事をゆだねる」と言って家を後にしている。北海道に渡る時には息子はもう二十八歳で、何も心配はなかった。

橘太郎という人も孫左衛門の血を受けて立派な人であった。孫左衛門が渡道する前の明治二十二年、すでに下条村の村会議員になっている。二十七年同村長、同年県会議員、三十年北魚沼郡会議員、同議長、三十二年と三十六年再び県会議員、四十一年衆議院議員という経歴を持つ。その間小出病院の創立をはじめ、小出銀行、日本石油、魚沼鉄道、銀山拓殖など多くの会社の重役になっている。非常に度量の広い人として知られ、関矢家を管理し分家・巻などの協力を得ながら、同時に一族を統括した信望の厚い人であった。

郷里のことは息子に任せ、安心して北海道の開拓に尽力した孫左衛門であったが、時々村へ帰ってきた。たまたま野幌が大水害に遭った時も越後にきていた。年に二、三回は郷里に立ち戻っていたようである。前にも触れたように橘太郎は明治四十五年四月、衆議院議員在職中に新潟市で急逝した。まだ五十歳の若さで惜しまれたが、その時点では孫左衛門は、中風で倒れた後ではあったが、北海道でなお現役であり、開拓地の発展充実に意を砕いていた。

その後は橘太郎の息子、つまり孫左衛門の孫である孫一が関矢家の当主となった。この人も若い時から多くの公職や会社の役員を歴任している。この人は政治家としての器量を高く評価された人で、孫左衛門の亡き後であったが、大正十三年と昭和五年に衆議院議員に当選している。このように関矢家は孫左衛門・橘太郎・孫一と、父子三代にわたって代議士を輩出したという、他に例を見ない実例を生んでいる。

孫左衛門亡きあとの北越殖民社は、十月二十五日に長岡市で臨時株主総会を開き、社長に古田島要治郎を選出した。

野幌の人たちはこの年孫左衛門の遺跡を保存する目的で、生前住居と庭のあった近くに庭園を築造した。「千古園」と名付けられたその庭園を造る時には、村の各戸がすすんで労働奉仕をした。

孫左衛門が亡くなった後の大正十年の数字であるが、入植者に分け与えられた農地が約七三〇町歩、分与地以外の農地（農場）が一七三〇町歩あった。畑が一三五〇町歩と大半を占めていたが、水田にできなかったのは水利条件からやむを得なかったようである。開拓地の場所では野幌六三パーセント、晩生内二五パーセント、江別太一一パーセントなどであった。さらに大正の末には十勝にも農場が開かれた。

北越殖民社は孫左衛門が社長時代の明治四十一年一月二十六日、北海道農会で催された「北海道農業経営法品評会」に「小作経営北越殖民会社」を出品した。それが実に一等賞を受賞したのである。それには次の理由書が付されている。

審査ノ結果適良ト認メタル點左ノ如シ

一、経営ノ規模大ナル事
二、管理法其ノ宜シキヲ得タル事
三、経営上利益ナルコト
四、率先シテ開拓ニ従事シ拓殖上裨益アリシ事
五、出品物ノ記述其体ヲナス事

其缺點ト認ムベキ點左ノ如シ

一、又小作ノ公認ハ経営上其ノ宜シキヲ得サル事

二、小作料徴収方法現今ニ在リテハ其ノ宜シキヲ得サル事
三、経営上ニ要スル諸帳簿様式出品ヲ欠ク事
之ヲ概評スレバ本道ニ於ケル大規模ナル小作農業経営ノ模範トナスニ足ルモノト認ム

この一事を見ても関矢孫左衛門の、面目躍如たるものがある。評価で欠点と認められた三項目のうち、小作料徴収に関わる一件は、当時の対小作感覚では欠点なのかも知れないが、後世から見ればこれをこそ特筆すべきことであったと思われる。というのは入植者との家族的交際の親密さが、全く比類なしと言われていたこと、孫左衛門の没後も彼の経営精神が受け継がれ、第二次大戦後の農地改革の直前まで、小作料は反当二円五〇銭で通したこと、しかも創業以来六十三年間の同社存続期間中、小作料の滞納があっても一回も催促が行われなかったこと、などからである。そのような環境にあったので、小作争議は一件も起きていない。

孫左衛門はさらに、大正元年九月二十四日に藍綬褒章を受章している。十月三日北海道庁で伝達されているが、その理由にあげられたのは、

二千四百余町民ヲ移ス三百九十余戸（中略）模範農村ヲ作リ（中略）公衆ノ利益ヲ興

シ成績著明ナリトス

であった。

さらに没後一年余にして孫左衛門は、明治元年より起算した「北海道開拓五十年紀念・拓殖五十年紀念」にちなみ、拓殖功労者として表彰を受けている。大正七年九月十五日であった。

孫左衛門はまた文人でもあり、五百に余る詩歌を残した。その遺稿は大正十五年遺族によってまとめられている。すべて漢詩漢文であり、仮名文字は一つもない。

北越殖民社は、第二次大戦後の農地改革のため、昭和二十三年に解散を余儀なくされたが、江別市誕生の基と

関矢家の墓地に孫左衛門が北海道から移植した蝦夷松。百数十年たっている

なったのがこの北越殖民社であった。

　魚沼市並柳の関矢家の墓地には、孫左衛門が北海道から苗を持ってきて植えた、蝦夷松が三本ある。一本は枯れてしまったが、二本は亭々とそびえる大木に育っており、梢は天空を突き刺している。この木がいつ頃植えられたのか、実はわからないのだが、孫左衛門が北海道へ渡ってから、あまり年月の経たないうちに植えられたものではないか、と考えられている。少なくとも百年以上は経っていよう。関矢家の庭にある紫松《おんこ》の古木も、やはり孫左衛門が北海道から移したものだという。おそらく蝦夷松と同じ頃移植されたのであろう。その庭の池は、関矢家四代の孫三郎翁の時代に江戸から職人を呼んで造ったものだといい、人が一番大切だということから「人」の文字の形をとり「人《じん》の池」と呼ばれている。その池には江戸時代に小平尾(魚沼市)の石山から切り出されたものと思われる、安山岩の切り石の橋が架けられ、往時を偲ばせている。

孫左衛門の頃のままの関矢家の石垣

孫左衛門が在世当時の関矢家の表側。本屋は17間×6間半であった

孫左衛門が在世当時の関矢家の裏側。大きな中門がついている

その庭を前にして、かつては巨大な茅葺きの邸宅があった。それは十七間×六間半の本屋と、裏に中門がついていた。今も文化財として保存されている魚沼市須原の目黒邸は長さが十六間なので、関矢家のほうが少し大きかった。関矢家には玄関が三カ所あり、その一カ所には「糸魚川役所」の看板がかかっていて、普段は出入り禁止であった。糸魚川藩の御用を勤める、大割元の役宅であることを示す権威ある看板であった。その玄関は孫左衛門の三女カヅさんが堀之内の森山家に嫁ぐにあたり、媒酌人を迎えた祝いの席のあと、初めてこの玄関から送り出したそうである。

裏には現在も「塩之蔵」「中之蔵」「新之蔵」の三棟があり、脇の道路から見ると長い一棟のようにつながって見える。白壁を輝かせたきれいな蔵である。かつては蔵も含めた大面積の屋根の除雪が大変な作業で、並柳の村中のほとんどの家がその除雪に就労した。それは村の人たちにとって、ほかに仕事がなくなる冬の労賃稼ぎの場ともなっていた。

正面の巨石を積んだ石垣は昔のままだが、かつては石垣上の土盛りには、欅の巨幹が立ち並んでいた。

巨大な茅葺き屋根の邸宅が取り崩されたのは、昭和二十三年であった。維持管理が大変であったことと、第二次大戦後の社会の急変がその背景になっていた。占領軍の意向により昭和二十一年から二十三年にかけて、強制的に実施された農地改革で、膨大な所有農地が国に買い上げられた。全国の地主がそうであったように、関矢家も経営形態を変えざるを得なくなったわけである。

孫左衛門は自ら植えた蝦夷松に見守られるごとく、静まり返った林の中の大きな墓に眠っている。

孫左衛門が眠る関矢家の墓

関矢孫左衛門略年表

ここには関矢孫左衛門の越後での活躍に続いて、北海道の開拓地の半生の概略をまとめた。北海道立図書館の編さんによる『北越殖民社関係資料目録』の中に、同殖民社の年表が含まれているが、その半ば以上は関矢孫左衛門の年表である。ここにはその中から孫左衛門と関わりの薄いと思われる部分を割愛し、一部省略しながら再録させてもらった。

弘化元年（一八四四）

一月二四日　越後国刈羽郡新道村（柏崎市）飯塚七重郎の四男として出生。幼名猶吉。諱は忠靖。字は恭郷。通称孫左衛門。

安政五年（一八五八）

四月　魚沼郡並柳の庄屋関矢徳左衛門の養子となる（徳左衛門は前年四月死去）

八月七日　糸魚川藩より並柳など一二カ村の割元庄屋を命ぜられる。

明治元年（一八六八）

三月　戊辰戦争にあたり私兵隊を組織、先導として活躍。

三年（一八七〇）

八月　　　自費で岩下村に学校を開設。岩下校と名付ける。

五年（一八七二）

八月　　　柏崎県第四大区副長。

十一月　　岩下校を今泉の真福寺に移し「真福寺校」と称す。

六年（一八七三）

七月　　　新潟県第十三大区　小区戸長。

八月　　　自宅を増築して再び岩下校を設置。

九年（一八七六）

一月二二日　第十四大区長。

一〇年（一八七七）

二月　　　西南戦争に志願。

六月　　　志願者の募集にかかる。

六月二八日　魚沼地区の応募者七五名を伴い上京。

七月九日　三等少警部心得の地位を拝命。

八月二五日　解隊。二九日帰郷。

十月　　　三島億二郎らとともに「国立銀行創立願書」を大蔵省に提出。

一一年（一八七八）

四月　「長岡第六十九国立銀行」設立許可。

九月二二日　天皇北陸巡幸にあたり長岡行在所で拝謁。

十月一日　第六十九国立銀行の初代頭取となる。

十月二五日　三島億二郎とともに清水峠越えで、銀行開業の免状をもらうため上京。

一二年（一八七九）

四月二八日　北魚沼郡長に任ぜられる。

一四年（一八八一）

私学設立を呼びかける文書を県下に配布。

一五年（一八八二）

十月八日　南魚沼郡長を兼任。

一七年（一八八四）

八月　大橋一蔵、三島億二郎、笠原文平、岸宇吉ら開拓調査に北海道へ渡る。

一九年（一八八六）

一月　大橋一蔵・三島億二郎らとともに、一三人で北越殖民社を組織。本社を三島億二郎宅に置く。

六月二二日　北越殖民社の分社を北海道江別太に置き、移民の越後村できる。
七月　大橋一蔵、明訓校の校長を関矢孫左衛門と代わる。
八月七日　三島億二郎・笠原文平・岸宇吉ら十数人とともに北海道を視察する。
二〇年（一八八七）
八月七日　三島億二郎に、北海道移住の意志があることをほのめかす。
四月　契約労働者による北海道の農場経営失敗。
二二年（一八八九）
二月一一日　大橋一蔵上京し、和田倉門附近で奇禍に遭う。二月二十日死去。
五月三一日　大橋一蔵のあとを継ぎ北越殖民社社長となる。南北魚沼郡長を依願退職。
七月八日　北海道に渡り善後策を協議。九月帰郷、移民募集に努める。
二三年（一八九〇）
四月一日　殖民社事務所、江別太より野幌へ移転。
五月二日　越後よりの移民第一陣二一八名、孫左衛門の引率で新潟港を出帆。
五月五日　第二陣一九二名出帆。
七月一日　新潟県第七区より第一回衆議院議員選挙に立候補して当選。
北海道野幌農場の管理を三島億二郎に依頼。

二四年（一八九一）
七月　北海道の拓殖事業に打ち込むため衆議院議員を辞職。
八月一五日　野幌に神社地を選定。
二五年（一八九二）
三月二五日　三島億二郎、長岡で死去。六七歳。
二六年（一八九三）
一二月一日　殖民社の組織を改め有限責任北越殖民社とする。社長は関矢孫左衛門。
二七年（一八九四）
九月一五日　関矢家の戸主を長男橘太郎に譲る。
二八年（一八九五）
五月一二日　越後村に弥彦神社の分霊を迎え神社を創建。
十月二七日　開村十周年記念碑を神社境内に建立。野幌に小学校建築を始める。
二九年（一八九六）
十月二五日　野幌に公立尋常小学校認可。
十二月　晩生内に簡易学校建築。
三〇年（一八九七）

八月〜十月　江別太・野幌農場の成功検査を受け、墾成地合計四一八町歩となる。

三一年（一八九八）

四月　　　三島億二郎記念碑を野幌神社境内に建立。

九月六日　　大洪水で千歳川・石狩川沿い大水害。二百町歩二十日間冠水。

十二月　　　鎌倉に避寒ののち二月郷里並柳に帰り三月野幌へ帰る。

十二月七日　「道庵」完成。

三二年（一八九九）

十月二三日　退転者多数のおそれ。北海道庁長官に「至急上申書」提出。

十月二五日　商法施行に伴い殖民社を合資会社とする。社長関矢孫左衛門。

三三年（一九〇〇）

四月二九日　野幌部落創始十周年記念式挙行。江別ほか二か村の農会長となる。

三四年（一九〇一）

八月六日　　富士山に登山。

三五年（一九〇二）

　　　この年から農産物品評会を始める。

三九年（一九〇六）

江別村会議員当選。

四〇年（一九〇七）

五月　殖民社を株式会社に組織変更。八月社長に就任。

四一年（一九〇八）

一月二六日　殖民社が北海道農業経営品評会に参加、小作経営部門一等賞受賞。

四二年（一九〇九）

七月二三日　体調不調で登別温泉に湯治。八月一二日まで。

八月三一日　二十周年記念として野幌神社改築、遷宮式挙行。

四三年（一九一〇）

十月九日　岸宇吉死去。十一月一日笠原文平死去。

四四年一九一一）

四月一日　瑞雲寺で野幌報徳会創立総会開催。孫左衛門が理事会長になる。官林内の土地約三〇町歩を共有財産とする。

八月二八日　皇太子北海道巡啓に際し札幌で拝謁。

十二月一五日　中風に倒れる。以来身体不自由になる。

四五年（一九一二）

三月五日　長男橘太郎を呼び北海道関係の財産処分につき協議。

四月十日　長男橘太郎、新潟市で急逝。衆議院議員在任中。五十歳。

四月一六日　江別村会議員辞職願いを出す。

五月二八日　病気診療のため上京。帰途郷里へ寄り秋に北海道へ帰る。

九月二四日　拓殖の功により藍綬褒章を受ける。十月三日北海道庁で伝達。

十一月二二日　野幌に孫左衛門の功績を称える留魂碑建立される。

大正二年（一九一三）

四月二六日　留魂碑竣工式挙行。

五月一日　次男山口多門次を伴い越後へ。九月二二日北海道へ帰る。

三年（一九一四）

八月二一日　関矢孫一（孫左衛門の孫）、同郷の株主酒井文吉とともに野幌・晩生内農場を視察。

六年（一九一七）

六月二一日　孫左衛門死去。七十四歳。戒名は「正徳院釈祐靖大禅定」。野幌で仮葬。

六月三〇日　孫左衛門の遺骨、野幌出発（以後この日に千古園祭を行う）。

七月五日　郷里廣瀬村で村葬行われる。
十月二五日　長岡市で殖民社の臨時株主総会が開かれ古田島要治郎を社長に選出。
七年（一九一八）
九月八日　北海道開拓殖五十年紀念博覧会に農場の成績を出品し名誉金牌賞を受賞。
九月一五日　故関矢孫左衛門「北海道開拓五十年紀念・拓殖五十年紀念」の拓殖功労者として表彰を受ける。
十二月一九日　野幌農場で故孫左衛門の遺跡保存のため、各戸の労働奉仕により生前の居住地近くに庭園を築造し「千古園」と名付ける。
（以下省略）

参考文献

『高志路』第十巻第三号～第六号　昭和二十年八月十七日　新潟市高志路社発行
野幌部落会著『野幌部落史』　昭和二十二年三月二十日　北日本社刊
　発行者　代田茂
関矢マリ子著『のっぽろ日記』　昭和四十九年四月二十五日　（株）国書刊行会発行
　発行者　佐藤今朝夫
『北越殖民社関係資料目録』　北海道立図書館編
『廣瀬村誌』昭和七年十月廣瀬村教育会発行
『広神村史』下巻及び資料編　昭和五十五年三月広神村発行
『創業百年史』　昭和五十五年　北越銀行発行
『ふるさと長岡の人びと』　平成十年三月長岡市発行
『三島億二郎日記』1～4　平成三年三月～同十三年三月長岡市発行
『長岡市史』通史編下巻　平成八年三月長岡市発行
『新潟日報』にいがた歴史物語　平成12/8/28・9/25・10/23号

雑誌『ヌプカ』第二号「野幌の森を守った男」
『野幌原始林物語』　平成十四年江別市発行
江別市大麻栄町5―23石村義典氏の論文
長岡市関久氏の論文「越後草莽の勤皇家関矢孫左衛門」
『えべつの歴史』第八号　平成十八年三月江別市発行

あとがき

これを書くに当たって『廣瀬村誌』『広神村史』その他の資料を参考にさせてもらった。特に孫左衛門翁の個人的な事柄については魚沼市並柳の関矢靖司氏に、いろいろ具体的に教えていただき、写真等貴重な資料も拝借した。また旧広神村の図書館からは関係文献を貸していただいた。

孫左衛門翁は刈羽郡高田村(現柏崎市)の大地主飯塚家に生まれた人なので、平成十五年夏、柏崎ふるさと人物館が孫左衛門翁の事績を特集した企画展を開いたことがある。その時の展示品の写真も、数点使用させて頂いた。

これらの関係者に厚く御礼申し上げる。

苗字の「関矢」の文字は、本家だけが「關矢」を用い、分家ら一族は「関矢」を用いることになっていたそうである。したがって孫左衛門は「關矢孫左衛門」と記さねばならなかったわけだが、いまでは「関矢」が一般的になっているので、ここでは「関矢」で勘弁して戴くことにした。

孫左衛門翁が戊辰戦争に活躍した時の「匪躬録《ひきゅうろく》」は貴重な文献である。しかし「匪躬」という言葉は今の時代にはなじみが薄い。不勉強の私は、初めてこの記録の存在を知った時、その意味を解しかねた。匪躬とは「自分のためではない」という意味の言葉だそうである。匪躬之節という言葉があるように、主君に忠節を尽くすことだという。それらの意味を知ってはじめて「匪躬録」という題名は、孫左衛門翁の心境を凝縮してよく表し、いかにも孫左衛門翁らしい命名であると思った。

孫左衛門翁は、北海道では開拓事業に屈指の業績を残した人として、翁のふるさと越後より、はるかに高く評価され、有名な存在になっている。しかし後半生の大半を北海道で過ごしたせいもあってか、郷里では「お名前は知っているが……」という程度の人が少なくない。越後全域のためにも、郷土魚沼のためにも、尽力してくれた翁の功績を思えば、翁の足跡はもっと多くの人々に知られるべきであり、長く崇敬されるべきだと思う。

磯部定治

■ 著者略歴

磯部　定治（いそべ　さだじ）

昭和６年、新潟県小出町（現魚沼市）に生まれる。

昭和27年、県立小千谷高校（小出分校）卒。

同年、越南タイムズ社入社、平成４年、同社退社。

主な著書『ふるさとを愛した歌人　宮柊二』『越後長岡藩の悲劇』『手掘隧道物語』『越後の鬼』（新潟日報事業社）、『魚野川物語』『鈴木牧之の生涯』（野島出版）、『只見線物語』『魚沼の先覚者』『魚沼の明治維新』（恒文社）ほか。

■ ご協力をいただいた皆様にお礼申し上げます。
五十嵐邦子氏、関矢靖司氏
江別市教育委員会教育部情報図書館
株式会社北越銀行
柏崎ふるさと人物館
旧広神村図書館

情熱の人　関矢孫左衛門《せきやまござえもん》

2007年1月20日　初版　第１刷発行

著　者　磯部《いそべ》　定治《さだじ》
発行者　本間正一郎
発行所　新潟日報事業社
〒951－8131
新潟市白山浦2－645－54
TEL　025－233－2100
FAX　025－230－1833
http://www.nnj-net.co.jp/
印　刷　株式会社　北伸印刷

ISBN 978-4-86132-201-3